COLLECTION POÉSIE

FRANCIS JAMMES

Le Deuil des Primevères

1898-1900

PRÉFACE DE
ROBERT MALLET

nrf

GALLIMARD

Préface

Un écrivain dont s'empare de son vivant la légende risque d'être plus vite connu qu'un autre. Il risque aussi d'être plus mal connu, de ne pas l'être pour les meilleures raisons. On a vu son œuvre à travers sa personne, on ne l'en a pas séparée. Certes, à l'origine, c'est l'œuvre qui a provoqué l'intérêt pour l'homme, mais mort l'auteur, morte souvent la curiosité. Il faut de nouveau que l'œuvre s'impose pour ce qu'elle est, avec ses vertus propres, ses ressources objectives. D'avoir été pastiché par Paul Reboux et Max Muller dans leurs célèbres A la manière de... *valut à Francis Jammes, grâce à la popularité du* facteur rural, *une renommée parmi un vaste public qui n'avait pas eu l'occasion de le lire, elle lui valut aussi de ne pas être lu par tout un public qui se suffit de son image ou qui, peut-être à cause d'elle, se détourna de lui.*

« *Accident heureux dans le cours de notre littérature* », *ainsi le définit avec à propos André Gide. Cet accident fut le résultat d'une nature en liberté, qui ne pouvait avoir d'autre démarche et d'autre frein que son bon vouloir, au mépris de tout code. Lassé de fracas hugolien, de platitude parnassienne et de maniérisme symboliste, le dix-neuvième siècle finissant accueillit avec surprise puis avec reconnaissance le souffle étrangement peu littéraire de ce jeune poète béarnais qui, du fond de sa province, exprimait avec une ingénuité pleine d'assurance le refus des cénacles et le désir de jouer de la flûte à l'écart de l'orchestre. Auteur de plaquettes confidentielles tirées chez un imprimeur d'Orthez, il lui fallut bien des complaisances du hasard pour qu'un jour ses vers, sans parrainage parisien, fussent lus par les notables comme Mallarmé, Remy de Gourmont et par la jeune garde dont Gide fut le plus fervent. Le verre d'eau fraîche, encore voilé des buées de la source montagnarde, ravit des gosiers qui pourtant aimaient d'habitude à se prodiguer les boissons fortes et les philtres quintessenciés. Francis Jammes proposait ce qu'il possédait, non ce qu'il avait voulu acquérir. Il n'avait rien cherché, rien prémédité. On s'emparait de sa simplicité, les uns en faisaient un contrepoison, le remède idéal pour une cure de désintoxication, les autres s'en détournaient non avec dégoût (l'eau pure n'écœure pas), mais avec le sentiment qu'on voulait leur forcer les lèvres et l'estomac ; ils allaient jusqu'à parler de provocation. Curieux destin, en vérité, que celui de ce jeune homme résolument voué à n'être que lui-même aux dépens de sa réputation, et qui devient célèbre parce qu'il n'a rien fait de ce qu'il fallait pour l'être. Quelle originalité, une telle ignorance des règles du savoir-vivre jointe à un tel mépris du savoir-écrire ! C'est le comble de la modestie, à moins que ce ne soit orgueil. C'est le modèle de la pudeur, à moins que ce ne soit impudence. Et ce pourrait être innocence, mais l'innocence à ce point exemplaire n'est-elle pas de la rouerie?*

Francis Jammes se voit ainsi loué et blâmé des mêmes traits de sa nature interprétés différemment par les uns et par les autres. De Paris lui parviennent les échos des disputes dont il est l'enjeu. On veut l'accaparer ou le rejeter. Les « naturistes » déclarent qu'il est des leurs. Il répond qu'il n'est que de lui. Alors, ils lui refusent tout talent. Il en a tellement assez de se voir revendiqué ou banni qu'il publie — mi-sérieux, mi-plaisant — son manifeste, Le jammisme, *pour expliquer qu'il n'appartient qu'à une école, la buissonnière, et qu'il n'a qu'un langage, celui de son père et de sa mère qui le lui ont transmis pour écrire comme on parle et non pour parler comme on écrit. Le cours des choses en a décidé : le timide adolescent devient un jeune homme assuré, et ce qui n'était que confidence pour les intimes se change en affirmation face au public. Il n'appartient à personne de se plaindre de la mutation. Francis Jammes provoqué par le succès et la controverse accentue Francis Jammes, donnant raison apparemment à tous ceux qui cherchent à le définir. Il ne se réfère toujours qu'à lui-même, mais il le fait dorénavant avec la certitude de son bon droit. A force de vouloir se justifier, il plaide pour la cause d'une poésie injustement méprisée. Jamais élève, il risque de jouer les maîtres pour enseigner comment on peut et doit se passer de maître.*

Et le paradoxe va se développer jusqu'au bout : Francis Jammes sera, sans l'avoir voulu, le poète qui, au début de ce siècle, recrutera le plus de disciples en révélant à leur propre nature, par le filtre de la sienne, des écrivains naissants comme Alain Fournier et François Mauriac. Bien sûr, ils l'abandonneront très vite, mais non sans lui garder reconnaissance de leur avoir ouvert toute grande la fenêtre sur les odeurs de la terre et du ciel, avec les mots du pain quotidien.

L'œuvre qui représente le mieux Francis Jammes est sans doute Le Deuil des Primevères, *parce qu'elle se situe au point de sa vie où il a su concéder au prosaïsme et au lyrisme la juste part qui revient à chacun, sans que chacun nuise à l'autre ou l'étouffe. Le langage s'en trouve bien. Il a l'aisance au ras du sol de l'impression satisfaite avec les choses observées, et l'élan de l'image qui porte la confidence au niveau d'un appel intérieur. On y sent ce qui respire et ce qui est inspiré.*

Livre d'un homme jeune capable d'exprimer tout ce qu'il éprouve depuis son enfance et tout ce qu'il éprouvera jusqu'à sa vieillesse, il contient, pourrait-on dire, l'essence même du jammisme, ce parfum à nul autre pareil dont on s'imprègne sans y prendre garde, fait de passé, de campagne, d'exotisme et de religiosité. Toutes les cloches s'y conjuguent : celles des églises habillées de feuilles, celles des moutons transhumants, celles des bateaux transocéaniens, celles des fleurs tropicales. Les sonneries retentissent au cœur du poète transporté lui aussi d'un côté du monde vers l'autre. Il n'a pas cessé d'être, selon ses propres termes, un faune, mais ce faune ne tourne pas le dos à un certain chrétien qui, se souciant peu des dogmes, se réclame de François d'Assise et s'adresse sans fausse honte à un Dieu très bonhomme pour lui confier ses inquiétudes charnelles ou spirituelles.

Anna de Noailles, que Francis Jammes avait quelque peu froissée en la qualifiant d'abeille sur une dédicace (et il est vrai qu'elle avait beaucoup butiné dans le jardin de son ami), se vengea en décochant cette phrase-aiguillon sur la peau, elle aussi très sensible, du maître jardinier : « Je préférais sa rosée à son eau bénite. » Ces propos ne manquent pas de piquant. Mais ils sont injustifiés, car il est très difficile, sinon impossible, de distinguer dans la pensée et l'œuvre de Francis Jammes ce qui est païen de ce qui est catholique. Disons qu'il dispensa autant de rosée déjà bénite que d'eau bénite encore rosée. Il eut une façon bien à lui d'être catholique avant son retour à Dieu, et de rester païen dans la pratique de sa religion.

Le voici donc, en 1900, figure très parisienne à huit cents kilomètres de Paris, parodié par les chansonniers, interprété aux matinées poétiques de la Comédie-Française, visité par d'incessants admirateurs, assiégé de lettres, ayant pour amis Claudel, Gide, Colette, Larbaud, mais étreint par le sentiment de sa solitude. Il a trente-deux ans. Il n'est pas marié. Il vit avec sa mère dans une petite ville de province qui n'accepte pas les singularités, et c'en est une pour elle, ce célibataire dont les amours clandestines sont commentées et condamnées. Il s'est épris d'une femme étrangère au pays, d'une femme un peu étrange aussi, que personne ne reçoit, et dont sa mère ne voudrait pas pour belle-fille. D'ailleurs, elle-même voudrait-elle se marier? Après deux années de passion brûlante, c'est la rupture avec celle qu'il appellera Mamore, une rupture dont on ne saura jamais qui l'a provoquée. Et c'est le ravage en lui, l'angoisse de l'absence et du vide.

Le Deuil des Primevères *traduit dans son titre la désolation du poète. La fleur du printemps s'endeuille aux yeux endoloris. La Nature où Francis Jammes cherche refuge l'accueille, mais tout en elle lui redit l'amertume des sèves qui ne travaillent pas à l'épanouissement. Il est lui-même ce flux de bonheur possible brisé par les intempéries. Il ne se rebelle pas. A quoi bon? Il sait aussi la patience et la force des végétaux qui ne renoncent pas à leur droit et à leur chance de reverdir au prochain printemps.* Le Deuil des Primevères *est donc un livre de détresse et d'espérance. Pudique, il ne cherche pas à provoquer l'apitoiement et s'accompagne, au-delà des ombres, d'un recours à la vie « belle et grave ».*

Francis Jammes ne joue pas les prométhées dévorés vivants, ni les roméos éplorés.

Il dit : Je suis pareil aux ânes aux pas cassés
ou bien il s'interroge

comme un oiseau de sang caché entre deux pierres.

Son cœur, dans ses violentes joies éphémères

passa comme un saut de truite au torrent bleu.

Il aime les bêtes, il s'identifie à elles dont il comprend les peines et les alarmes, et ce goût qu'elles ont de la vie à tout prix, et leur instinct de douceur envers les hommes qui les comprennent :

Ceux-là seuls m'écoutaient que l'on nomme poètes
et qui ont dans leurs yeux le mystère des bêtes.

Le mystère des bêtes livrées à l'Univers qu'elles affrontent en silence est fait de crainte et de confiance comme le chant du poète. Avant de demander à Dieu d'aller au paradis avec les ânes, *il va*

dans le blanc solstice suivi de ses chiens harassés.

Et le voici, frêle silhouette sur fond de paysage immense, qui se surprend à dire : [...] Je me résigne, je me laisse aller comme la courbe des collines.

Après avoir écouté les cigales mangeuses de soleil, *dont* éclate le cri dans le sommeil de juin *(belle définition du poète), il est attiré par les bois qui s'étendent* comme de grands morceaux de feuilles de silence, *et il s'enfonce* dans la chaleur glacée de la forêt.

C'est là, au cœur des clairs-obscurs, qu'il va méditer sur ses amours, pas seulement sur la joie de la possession, mais aussi sur les douceurs de la tendresse. Et toutes celles qu'il a aimées, d'un sourire de collégien, d'un baiser ou d'un geste d'adolescent, d'une rêverie ou d'une convoitise d'homme, revivent, héroïnes d'élégies en guirlandes légères qui s'achèvent en chaînes avec la dernière, Mamore, l'amante morte à lui, trop vivante aux autres. Cela nous vaut des accents familièrement pathétiques où la nostalgie de la fiancée perdue s'exprime autant que celle des Iles désirées, avec l'espoir de découvrir l'élue comme la plage tropicale, soudain révélée à l'horizon des eaux par une ombre claire.

Il hésite :

J'ai peur que tout amour
ne soit le bourdon bleu qui blesse un liseron.

Il voudrait prendre pour modèle l'oiseau des bois qui lui confie qu'il faut chercher comme lui la fidélité dans l'amour, non dans l'amante, et qu'il est vain, et qu'il est fou de donner un nom à l'aimée :

Jamais ne meurt pour nous l'oiselle que l'on aime
puisque revient toujours le Printemps avec elle,
puisque l'amour revient toujours à notre appel.
Si elle avait un nom, ce ne serait pas elle :
elle ne viendrait pas et serait moins fidèle.

C'est peut-être vain, c'est peut-être fou, mais c'est la règle, et Francis Jammes sait bien qu'il n'y échappera pas. Il a beau ne pas nommer la jeune fille qu'il rencontre, en rêve, dans la forêt et qui est nue comme la lumière et l'eau. *Il lui suffit de la décrire* de la nuque au talon telle une courbe ensoleillée *pour que son regard lui donne un nom qui n'en est pas un, mais qui la définit pour lui à jamais :* La jeune fille nue. *Et celle-ci a beau n'atten-*

dre que l'amour, le simple aveu qu'elle en fait au poète le rend d'emblée son amant :

« Je ne sais pas ce que j'attends. C'est une chose que je ne puis pas dire et qui est comme une rose dont on sent le parfum sans qu'on puisse la voir. »

Les Élégies, Le poète et l'oiseau, La jeune fille nue *mènent le poète à ces* Quatorze prières *qui sont les épanchements d'une âme à la recherche de ce qu'elle a déjà trouvé : la confiance dans une autorité qui ressemble à celle d'un bon père de famille tout-puissant. C'est comme pour la femme, Francis Jammes n'a pas besoin de lui donner un nom pour l'aimer. Gide aurait dit : « Il l'appelle Dieu par commodité de langage », à quoi Claudel aurait répondu : « Il y a des commodités qui sont signes de Providence. » Le vrai, c'est que Francis Jammes croyait à la Providence. Il ne voulait pas croire, en tout cas,* à la philosophie des surhommes *et trouvait plus simple de comparer la destinée des hommes à celle des* sureaux penchés au bord des eaux. *Par un mauvais jeu de mots, il disait bien ce qu'il éprouvait : l'impression d'un enracinement éphémère reflété dans un courant éternel.*

On ne prétendra pas que la complexité de la pensée caractérise celui qui a pu écrire : Je crois que les chiens de chasse ont été fabriqués par Dieu tels qu'ils sont aujourd'hui et qu'il ne leur manquait que le collier, *boutade dans laquelle s'étale une certaine complaisance à se dire ignorant, à se gausser de* ces savants qui portent des bonnets carrés pour savoir d'où vient le vent. *Nous dirions « foi de charbonnier, » il disait* foi de portier de couvent...

La méditation qui guide vers Dieu Francis Jammes est de tout repos, de toute économie. Mais quelle richesse de sensibilité, quelle prodigalité de la vision intime ! Le

Deuil des Primevères *nous offre les mille variantes d'une palette sensorielle qui se projettent sur la page vierge comme sur la toile d'un artiste inspiré que l'on voit peindre directement sans dessiner. Tantôt, c'est la magie des coloris d'un Gauguin où les volumes se situent dans la résille d'un vitrail, avec* des nègres bleus que les coups de rotin brûlèrent, l'épaule violette des coteaux, le parfum du buis noir, les perdrix de corail, *tantôt c'est le dépouillement du lyrisme avec l'exaltation du détail signifiant, une grandeur mystique qui fait songer aux paysages naïfs et sublimes d'un retable de Van Eyck :*

Mon Dieu, je vais me recueillir. Je veux entendre
la neige des agneaux marcher sur les gazons

ou bien au réalisme messianique de Cranach fait pour plaire à Claudel :

depuis qu'Adam et Ève au fond du Paradis
surgirent sous les fruits énormes de lumière

ou bien encore aux ciels limpides et habités de Vermeer :

On sent passer des vols de choses immobiles.
Quelle est cette lumière qui est presque de l'ombre ?
C'est l'aube qui va accoucher. [...]

Ce jeune homme des temps anciens penché sur un herbier *ne cherche pas à faire original. Il l'est. Il ne pense pas loin, mais il sent si profond que la perception de l'invisible le hante et le porte comme Nerval, comme Baudelaire, vers l'*avant *de la vie autant que vers son* ensuite. *Et l'écriture qui refuse les effets les produit par le jeu des raccourcis presque négligés, métamorphosés en ellipses savantes :*

Elle dut s'embarquer avec des orphelines
et des cheveux épars à l'avant du bateau,

distique où tout le romantisme se résout en impressionnisme, et dans les atlas clairs dorment les Angolas,

notation de rêve et de virginité que Rimbaud eût aimée.

Francis Jammes, « primitif » au sens où il l'entendait, c'est-à-dire comme un savant qui s'ignore (et non comme un ignorant qui croit savoir), désarticulait le vers pour en faire de la prose et donnait à la prose le rythme d'un poème. Ce n'était pas esprit de contradiction, simplement sincérité d'un langage de l'immédiat assez respectueux de lui-même pour refuser tout système.

L'image jaillit, qui nous emporte, grâce aux mots nus et résonnants au-delà d'eux, vers nous-mêmes, dans cet espace surréel qu'ouvre en nos regards limités le verbe le plus simple des grands poètes :

Vois, Amsterdam s'endort sous les cils de la neige
dans un parfum de brume et de charbon amer.

Les êtres, les végétaux et les choses inanimées marient leurs essences aussi douces que pénétrantes :

Elle aura la fraîcheur des roses qui s'allument
sur le grelottement mouillé des anciens murs.

On doit au prosaïque élégiaque du Deuil des Primevères *les plus belles réussites de ce qu'on pourrait appeler la limpidité du mystère poétique :*

Dis-moi, dis-moi guérirai-je
de ce qui est dans mon cœur ?

Ami, ami, la neige
ne guérit pas de sa blancheur,

des vers qui par la parfaite cadence audible, dédaigneuse du nombre, nous donnent le bonheur des vérités touchées de l'intérieur.

Robert Mallet.

Préface

Ce recueil qui vient, dans mon œuvre poétique, après De l'Angelus de l'aube à l'Angelus du soir, *sera suivi d'un livre que j'intitulerai* Poésie, *le dernier conçu, et qui marquera beaucoup mieux que celui-ci mon développement.*

J'explique cela parce que certains critiques pourraient croire que je leur fais des concessions dans Le Deuil des Primevères. *Il n'en est rien. Ma forme suit ma sensation, agitée ou calme. Je ne m'inquiète point de plaire à ces critiques.*

Le Deuil des Primevères *est d'une forme et d'une pensée calmes parce que je l'ai surtout conduit dans une solitude où mes souffrances parfois s'apaisèrent.*

Francis Jammes.

Élégies

Élégie première

A Albert Samain.

Mon cher Samain, c'est à toi que j'écris encore.
C'est la première fois que j'envoie à la mort
ces lignes que t'apportera, demain, au ciel,
quelque vieux serviteur d'un hameau éternel.
Souris-moi pour que je ne pleure pas. Dis-moi :
« Je ne suis pas si malade que tu le crois. »
Ouvre ma porte encore, ami. Passe mon seuil
et dis-moi en entrant : « Pourquoi es-tu en deuil ? »
Viens encore. C'est Orthez où tu es. Bonheur est là.
Pose donc ton chapeau sur la chaise qui est là.
Tu as soif ? Voici de l'eau de puits bleue et du vin.
Ma mère va descendre et te dire : « Samain... »
et ma chienne appuyer son museau sur ta main.

Je parle. Tu souris d'un sérieux sourire.
Le temps n'existe pas. Et tu me laisses dire.
Le soir vient. Nous marchons dans la lumière jaune
qui fait les fins du jour ressembler à l'Automne.
Et nous longeons le gave. Une colombe rauque

gémit tout doucement dans un peuplier glauque.
Je bavarde. Tu souris encore. Bonheur se tait.
Voici la route obscure au déclin de l'Été,
voici que nous rentrons sur les pauvres pavés,
voici l'ombre à genoux près des belles-de-nuit
qui ornent les seuils noirs où la fumée bleuit.

Ta mort ne change rien. L'ombre que tu aimais,
où tu vivais, où tu souffrais, où tu chantais,
c'est nous qui la quittons et c'est toi qui la gardes.
Ta lumière naquit de cette obscurité
qui nous pousse à genoux par ces beaux soirs d'Été
où, flairant Dieu qui passe et fait vivre les blés,
sous les liserons noirs aboient les chiens de garde.

Je ne regrette pas ta mort. D'autres mettront
le laurier qui convient aux rides de ton front.
Moi, j'aurais peur de te blesser, te connaissant.
Il ne faut pas cacher aux enfants de seize ans
qui suivront ton cercueil en pleurant sur ta lyre,
la gloire de ceux-là qui meurent le front libre.

Je ne regrette pas ta mort. Ta vie est là.
Comme la voix du vent qui berce les lilas
ne meurt point, mais revient après bien des années
dans les mêmes lilas qu'on avait cru fanés,
tes chants, mon cher Samain, reviendront pour bercer
les enfants que déjà mûrissent nos pensées.

Sur ta tombe, pareil à quelque pâtre antique
dont pleure le troupeau sur la pauvre colline,

je chercherais en vain ce que je peux porter.
Le sel serait mangé par l'agneau des ravines
et le vin serait bu par ceux qui t'ont pillé.

Je songe à toi. Le jour baisse comme ce jour
où je te vis dans mon vieux salon de campagne.
Je songe à toi. Je songe aux montagnes natales.
Je songe à ce Versaille où tu me promenas,
où nous disions des vers, tristes et pas à pas.
Je songe à ton ami et je songe à ta mère.
Je songe à ces moutons qui, au bord du lac bleu,
en attendant la mort bêlaient sur leurs clarines.
Je songe à toi. Je songe au vide pur des cieux.
Je songe à l'eau sans fin, à la clarté des feux.
Je songe à la rosée qui brille sur les vignes.
Je songe à toi. Je songe à moi. Je songe à Dieu.

Élégie seconde

Les fleurs vont de nouveau luire au soleil pour moi.
Il semble que mon âme sorte d'un pays noir.
Trouverai-je la consolation sous les arbres ?

Ma pipe est allumée comme à l'adolescence,
ma pipe est allumée dans le bruit de la pluie,
et je songe à des journées d'anciens printemps.

Des souvenirs chéris plus doux que des mélisses
habitent dans mon cœur joyeux et pourtant triste,
pareil à un jardin rempli de jeunes filles.

Car j'aime comparer à de très jeunes filles
mes pensées qui ont la courbe de leurs jambes craintives
et l'effarouchement moqueur d'éclats de rire.

Seules les jeunes filles ne m'ennuyèrent jamais :
Vous savez qu'elles vont, d'on ne sait quoi, causer
le long des tremblements de pluie des églantiers.

Et moi, je ne sais pas ce que mes pensées pensent.
J'aurais dû naître un jour calme des grandes vacances,
lorsque les framboisiers ont des cousines blanches.

Je ne sais pas pourquoi j'ai traversé la vie,
ni pourquoi, aujourd'hui, après ces grands ennuis,
je resonge à des soirs d'amour cachés de pluie.

Mon enfance est là-bas dans un petit parterre,
ma jeunesse un amour d'automne gris et vert,
et le reste sera l'yeuse du cimetière.

Peut-être que si Dieu ne m'a point fait mourir,
c'est qu'il s'est souvenu de toi, toute petite,
qui soignes, en m'attendant, tes jolis canaris.

II

Oh ! viens... (comme disaient les anciens poètes),
oh ! viens... Que ton petit cœur me donne le bras.
Tu verras, au village obscur, de vieux lilas
aux fleurs jeunes comme tes mouvements de tête.
Et si tu n'as pas vu le soleil qui se couche
sur la buée de bleu qui tremble sur les chênes,
tu sentiras brûler ce soleil sur ta bouche.

Si tu n'as pas vu l'aube douce qui brode la nuit
et qui allume, au bord des mares, les angéliques,

je t'indiquerai l'aube en te fermant les yeux
avec un baiser long comme l'aube elle-même.
Et ton cœur sera plein d'un jour blanc qui se lève,
car je te poserai de l'aube sur les lèvres.

Et si tu n'as pas vu ce joli sentiment
que Zénaïde Fleuriot a nommé l'amour,
je te l'expliquerai lentement, lentement,
comme si tu hissais ta bouche vers ma bouche,
avec tes genoux ronds pressés à mes genoux.
Alors, tu verras ce sentiment qui est l'amour,
que l'on cache beaucoup et dont on parle tant.

Pourquoi suis-je si jeune, pourquoi dans mon cœur frais
y a-t-il comme un frisson de soir aux noisetiers ?
Je suis fou. Je te veux sur le bleu des pelouses,
vers sept heures, lorsque la lune au haut du ciel
pleut sa lumière humide au front des vaches rousses
dont la corne porte encore un morceau de soleil.

Dis ?... Toi que j'ai connue toute toute petite,
je refais tout mon rêve avec je ne sais quoi ?...
Je veux te battre avec des fruits de clématites,
je veux sentir ta gorge en calice de lys,
et écouter le cri de ton éclat de rire
monter vers mes baisers qui grêleront sur toi.

N'aie pas peur : Nous prendrons de vieilles poésies,
des choses entendues qui se sont confondues,
des mots qui ne sont plus qu'une musique obscure.

Et le soir glissera dans le jour qui vacille
dans la cuisine obscure où semble encore assise
une servante morte au sourire docile.

Les fleurs ont éclaté en face du soleil.
Les chiens aboient et les volets sur les glycines
s'ouvrent dans un fouillis de feuilles en sommeil.
Tu désengourdiras ton bras lisse qui glisse,
et nos yeux fatigués ne verront sur la plaine
qu'un tournoiement d'amour sous l'eau de l'azur clair.

Tu auras peur, n'est-ce pas, que, tout à coup, je ne
[souffre ?...
Ne m'interroge pas. Je ne veux pas te dire.
Ne sache pas pourquoi j'ai parlé de bien d'autres.
Je n'aime plus que toi puisque j'entends les grives
qui arrivent du Nord mordre à l'Automne rouge
dont les vents sont amers ainsi que des olives.

Ne sois pas curieuse et, si tu sais m'aimer,
laisse ton doux silence emplir mon cœur amer.
Si nous nous promenons, écoute donc, songeuse,
comme si tu l'entendais pour la première fois,
le bruit continuel, sec et brisé des feuilles
qui tombent en tournant sur les débris des bois.

Ne pense plus à moi, ne pense plus à moi.
Il y avait un nom doux « *qui rappelait l'Automne* ».
O mon amie, je t'aime. Mais ne demande pas...
Vois ce colchique clair et ce champignon rose.

Tes pieds légers seront sur les mousses d'aurore
où luisent les grains purs de la ronde rosée.

— Ami, dis-moi ?... — Ne me dis rien puisque je t'aime.
Je ne veux pas savoir ce que je sais. Tais-toi.
Le temps où tu étais plus petite, où le toit
de ta maison chantait sous l'averse de Mai,
ce temps revient encore. Aime-moi. Aime-moi.

— Mais dis-moi seulement si elle existe encore
la femme dont le nom te rappelle l'Automne ?
— Ne me fais pas parler, ô ma petite abeille.
— Mais ne l'aimes-tu plus ? — Souviens-toi de la Vierge
qui était dans une niche, à l'angle du quartier ?
Sa ceinture était bleue et ses deux mains brisées.

C'était l'époque douce où, aux Dimanches soirs,
la grand'ville éclatait de légères fanfares.
Des pions reconduisaient des lycéens bizarres.
Sur les squares flottait un parfum d'encensoirs.
Tu ramenais ton jeune frère à la maison.
Tu lui donnais ta main fine, veinée et pâle,
et tes yeux noirs bridés battaient légèrement.

Ah!... Je resonge à toi. Es-tu toi ou une autre ?
Les caresses semées ont fleuri dans mon cœur.
Je le sens, aujourd'hui, pareil à cette époque.
Des passe-roses bleus sont nés de ma douleur.
Tu n'as, si tu les veux, qu'à étendre la main.
Donne-leur un peu d'eau. Ils reprendront demain.

III

Et j'ai songé à toi, encore, ce matin.
J'ai regardé les humbles labiées violettes.
C'est l'Automne, et pourtant ce semble un moi de Mai.
Le lierre me sourit. Et, dans ce vieux jardin,
je suis bien le jeune homme un peu antique et tendre
qui lisait, au soleil du réveil, dans sa chambre,
la vieille botanique où brûlaient des dessins.

Si tu veux accepter telle qu'elle est mon âme :
Viens la chercher, par un soir vert, sous les tilleuls.
Le jour est revenu où, au petit village,
un soir pluvieux d'été, je voyais, triste et seul,
passer la procession faite pour écarter
les inondations qui dormaient sur les prés.

Oui, je reviens, amie, à l'enfance si douce.
Mon âme est pure ainsi que l'âme la plus pure,
ainsi que la lueur qui argente tes joues,
ainsi que la lumière au tremblement d'azur
qui, dans la blanche allée, allume vers onze heures
la rose noire épaisse et les iris qui pleurent.

Mon sommeil est plus pur que les nuits romantiques.
Tendresse, je veux fiancer ton cœur aux nuits légères,
au Printemps de six jours où la nuit s'interpelle,

où le jour ne peut pas finir et où l'appel
perdu du rossignol emplit d'une joie triste
les lilas qui voudraient et ne peuvent mourir.

Mais, avant de me retrouver, ma fantaisie
est que tu ailles, doucement, de chambre en chambre,
parler aux vieux objets qui te diront ma vie :
Mais n'interroge pas la boîte à botanique
où dormirent les fleurs de mon adolescence.
Elle conserve encore le reflet des forêts
aux jours des accablants et des tristes étés.
Ne l'interroge pas, car son parfum fidèle
pourrait mourir de joie en te reconnaissant.

Assieds-toi un moment à ma petite table.
J'y ai posé quelques livres sur un vieux châle.
Là mon encrier luit lorsque le jour s'éteint.
Un almanach jauni indique une autre année.
Ce sont des jours amers, ce sont des jours fanés,
doux comme le journal d'Eugénie de Guérin.

Tu verras, dans un coin, la malle en bois de camphre
et sur laquelle, enfant, me couchait ma grand'mère,
et qui dort maintenant ayant passé la mer
tempétueuse, il y a bientôt deux cents ans,
avec l'Oncle pensif qui revenait des Indes,
n'ayant qu'un souvenir de femme dans le cœur.

Tu peux interroger son bois mystérieux.
Il te racontera mes rêves de petit garçon.
Ils sont si purs que tu peux, amie, les entendre.

C'est en dormant sur ce vieux coffre odorant
que mon cœur s'est peuplé de jeunes filles tendres
et d'arbres indiens où montent des serpents.

Que ta main, en passant, frôle pour se bénir
la correspondance grave de mon grand-père.
Il dort au pied de la Goyave bleue, parmi
les cris de l'Océan et les oiseaux des grèves.
Dis-lui que tu t'en vas trouver son petit-fils.
Son âme sourira à ta grâce un peu frêle.

Tu comprendras alors de quel charme je m'enchante,
de quelles vieilles fleurs mon âme est composée,
et pourquoi, dans ma voix, de vieillottes romances
ont l'air, comme un soleil mourant, de se traîner,
pareilles à ces anciens et tristes jeunes gens
dont la mémoire gît dans l'octobre des chambres.

Puis tu viendras à moi. Tu glisseras ton cœur
sur mon cœur, gracieuse et lisse, et sans rien dire
Tu connaîtras ma joie profonde si je pleure,
et tu n'auras alors qu'à gravement sourire,
et à poser sur moi ta légère douceur.

Je serai doux pour toi comme une jeune fille.
Mon cœur aura le bleu profond de ces charmilles
où quelque grande sœur a fait goûter ses frères,
et d'où l'on peut entendre, aux fins d'après-midi,
l'aiguisement des faux luisantes sous la pierre,
au milieu du silence éternel des prairies.

IV

Le ciel pleut lourdement sur l'eau feuillue des douves.
Sans doute, en ce moment, tu couds auprès du feu.
L'ombre de ton salon tremble, et des lueurs douces
volent sur l'acajou noir et fané des meubles.

Il était déjà dit, le jour où nous naissions,
que j'écrirais ces vers au bruit de cette averse,
et que je reverrais contre les carreaux verts,
ton profil sérieux d'amour et de tristesse.

Dieu le savait déjà, ô tendresse, ô amie.
Que sait-il aujourd'hui que nous saurons plus tard ?
Qui sait ? L'eau tombe goutte à goutte dans le gris.
Le feu claque. Je suis calme et tu es là-bas.

Mon âme est heureuse de n'avoir rien à dire,
et d'écrire ces vers sans que presque j'y pense.
Ils sont pareils à ton ancienne robe grise,
ils sont pareils au jour d'un Mercredi des Cendres.

...Mais j'ai déjà parlé souvent de ta maison.
Je ne puis pas assez en parler quand l'Octobre
revient, et c'est ma folie douce et monotone
d'être comme ta fleur quand revient cette saison.

Dans peu de jours, je repasserai dans la ville
où tu es, et je veux, dans l'odeur des soirs froids,
te rapporter mon âme passionnée et triste,
lorsque les magasins luisent sur les trottoirs.

Je serai l'écolier que j'ai été jadis,
j'allumerai la même pipe en bois des îles
que je fumais dans le brouillard des quartiers gris,
à la rentrée, quand c'est la neuve odeur des livres.

Mais ne trouveras-tu pas trop que j'ai vieilli ?
Mes vingt-neuf ans regrettent mes dix-sept ans.
Je n'avais pas senti cela si fortement...
Pourtant mon songe est jeune ainsi que mon sourire.

J'ai tant donné, j'ai trop donné de ma jeunesse,
mais j'en avais toujours, encore, pour souffrir.
Je la crois toujours morte et je la sens revivre
ainsi qu'un bosquet nu où souffle un vent de Mai.

Et que fais-je aujourd'hui, encore, que cela ?
Ce vent était celui qui passait sous ma porte.
Je viens te rechercher, car j'ai besoin de toi.
... Mais il faudra faire attention à tes paroles...

Ne bouge pas du vieux fauteuil du coin du feu,
trop grand pour toi et où, sans doute, tu fais luire
sur la tapisserie roide et ployée, l'aiguille.
Y-a-t-il toujours, dans la grande cage, la veuve ?

Je ne te dirai rien. Laisse-moi seulement
moi-même m'étonner de t'avoir oubliée.
J'ai eu, depuis longtemps, comme une fièvre ardente.
J'ai besoin de ta douce et tendre gravité.

Ne me repousse pas. Cache au fond de toi-même
ce qu'il peut y avoir. Ne dis pas que tu m'aimes.
Continue, sévère et grave, à guider l'aiguille.
Puis, sur moi, lève les yeux, un moment, sans rien dire.

Faite à La Roque, en septembre 1898.

Élégie troisième

Ce pays a la fraîcheur molle des bords des eaux.
Les chemins s'enfoncent obscurément, noirs de mousses,
vers des épaisseurs bleues pleines d'ombre d'amour.
Le ciel est trop petit sur des arbres trop hauts.
C'est ici que je viens promener ma tristesse,
chez des amis et que, lentement, au soleil,
le long des fleurs je m'adoucis et je me traîne.
Ils s'inquiètent de mon cœur et de sa peine,
et je ne sais pas trop ce qu'il faut leur répondre.

Peut-être, quand je serai mort, un enfant doux
se rappellera qu'il a vu passer dans l'allée
un jeune homme, en chapeau de soleil, qui fumait
sa pipe doucement dans un matin d'Été.

Et toi que j'ai quittée, tu ne m'auras pas vu,
tu ne m'auras pas vu ici, songeant à toi
et traînant mon ennui aussi grand que les bois...
Et d'ailleurs, toi non plus, tu ne comprendrais pas,
car je suis loin de toi et tu es loin de moi.
Je ne regrette pas ta bouche blanche et rose.
Mais alors, pourquoi est-ce que je souffre encore ?

Si tu le sais, amie, arrive et dis-le moi.
Dis-moi pourquoi, lorsque je suis souffrant
il semble que les arbres comme moi soient malades ?
Est-ce qu'ils mourront aussi en même temps que moi ?
Est-ce que le ciel mourra ? Est-ce que tu mourras ?

1898.

Élégie quatrième

Quand tu m'as demandé de faire une élégie
sur ce domaine abandonné où le grand vent
fait bruire au ciel gris les bouleaux blancs et tristes,
j'ai revu, dans la verte ombre des fourrés humides,
une robe ennuyée avec de longs rubans.

Du parc gazonné, au froid soleil mort d'Octobre,
une Diane cassée montait comme un jet d'eau.
Les faux-pistachiers, les noisetiers rouges,
les vernis-du-Japon, les lauriers et les roses
faisaient vers l'horizon une allée triste et belle
où des vapeurs de bleu décoloraient le ciel.

La mort a revécu doucement dans mon âme.
J'ai songé à tous ceux qui habitèrent là,
aux enfants qui jouaient à tuer des lilas,
à l'aboiement de la cloche pour les repas,
et aux corbeaux croassant dans le ciel mou et gris
où crie la girouette à l'ouest, signe de pluie.

La jeune fille avait sa chambre au sud-est, vers
l'allée des ifs, non loin du vivier à l'eau verte.
Le mobilier de cette chambre était d'érable.
Un dé et des ciseaux luisaient sur une table,
et sur la glace bleue qui reflétait des feuilles
un trumeau réparé montrait des amours bleus.

On entendait un coup de fusil dans la plaine,
et la salle à manger avait des paravents.
Des oiseaux jaunes coloriaient les porcelaines.
Les déjeuners glacés des déclins de Septembre
étaient silencieux, ennuyés et sévères,
et quand la jeune fille descendait de sa chambre,
elle baisait au front le maniaque grand-père.

C'est sa robe, sans doute, que mon songe a rêvé
sur le banc que la mousse et l'humidité mordent.
Il est encore au fond de la plus noire allée,
parmi les aiguilles de pin flexibles et mortes.
C'est là que Célia, tristement accoudée,
venait au soleil pâle après les déjeuners.

Tu as voulu revoir, avec moi, la maison.
Tu savais mieux que moi l'histoire douloureuse
de cette Célia qui mourut de langueur,
qui se mourut d'un mal dont on cacha le nom,
d'un mal sur qui des bruits singuliers coururent,
mais que soigneusement les servantes ont tu.

Et nous sommes allés, sous la mort des feuillages,
jusqu'à cette fenêtre que nous avons ouverte

en attirant, du bois pourri, le fil de fer.
Nous nous sommes trouvés dans la cuisine noire,
si noire qu'on eût dit qu'il brûlait de la suie
dans le foyer glacé par un carré de nuit.

Les escaliers avaient des trous de moisissure.
De la rouille glacée poudrait les vieilles clefs
qu'on avait suspendues à côté des serrures.
Nous entendions de là le grand vent de l'allée,
ce vent si désolé du déclin des vacances,
gémir comme un roman parmi les sycomores
qui prennent en mourant la couleur de l'aurore.

Tu me dis : « C'est ici la chambre de Célia »
Une glace cassée, prise à la boiserie,
la meublait seulement. Tu me dis : « Il y a
de singuliers sujets sur la tapisserie. »
C'étaient des chars romains qu'aimait le sombre Empire,
l'époque vicieuse où sous les repentirs,
la Nucingen trompait des amours politiques.

Tu repoussas un contrevent sur les glycines.
Là, sur le mur, dormait la cloche au timbre mort
que l'on sonnait jadis du seuil de la cuisine.
Tu tiras lentement le fil de cette cloche,
et sa voix de douleur, lente à se faire entendre,
pleura comme un grand deuil dans l'âme de la chambre.

Que la paix sur l'âme de Célia repose.
Je cueillerai, au parc où elle fut, des roses,

des abutilons roux et des lilas terrestres.
Je les déposerai, pieux, au pied du tertre
où elle fut ensevelie un jour d'Octobre.
Que la paix sur l'âme de Célia repose.

1898.

Élégie cinquième

Les anémones d'Octobre aux pelouses dorées
dorment. Des champignons troués par les limaces,
sont gluants dans la boue où des sangliers passèrent.
Les sorbiers des oiseaux saignent aux roues des bois.
Par moments, c'est après la pluie, le bois remue
tout entier, et ça fait comme s'il repleuvait :
les feuilles ruissellent et font un crépitement dru.

C'est la douceur d'Octobre et la pipe allumée.
Un rouge-gorge chante au boueux soleil pâle.
Je viens d'entrer dans le gris très doux de ma chambre.
Aujourd'hui le souvenir de mes chagrins est moins amer.
Je me revois tout jeune, en Octobre, à quatre heures,
quand j'étais écolier et que mon dictionnaire
avait des dates qui étaient des baisers.

1898.

Élégie sixième

Le paysage était humble où tu étais si belle.
De l'église, torride et fraîche sous les lierres,
une cloche battit, pareille à un cœur pauvre.
Un agneau qui bêlait vers Dieu, docile et grave,
avait dans sa blancheur l'âme d'une prière.
Un chat galeux, tapi dans un vieux corridor,
un pauvre enfant bossu, un moineau dans sa cage,
tu passas auprès d'eux avec ta gaîté fière
et le retroussement gracieux de ta robe.

Et moi je m'inclinais, gravissant devant toi
la misérable rue au pied de la montagne,
prosterné à mourir devant ces pauvretés.
Tu ne comprenais pas ce qu'il y avait en moi
pour délaisser ainsi, un moment, ta beauté...
Mais je voyais l'oiseau que torturait sa cage,
ce chat et cet enfant bossu, l'un près de l'autre,
et tous également pleins de l'âme de Dieu.

Et ta main fine se posa sur mon épaule.
Et je levai les yeux, lentement, vers tes lèvres,

puis les en détournai pour regarder encore
un seuil noir où tremblait une vieillarde idiote.
Et la cloche battait toujours dans le Dimanche.
La douceur de ta chair se mêlait dans mon âme
à celle des taudis, dans une oraison blanche
plus douce qu'un chant clair d'enfants tenant des
[branches.

Tu ne comprenais pas les mots de mon silence.
Et, revenus, tu dis : Ami, tu es un peu triste ?...
Puis-je te consoler ? Veux-tu que je te lise...
Je ne répondis pas, et tu pris dans la chambre
mon livre bien-aimé, le *Paul et Virginie*
que, sur le coteau bleu qui n'est qu'une caresse,
j'ai rempli de bruyère ainsi qu'une écolière.

Et mon cœur se calmait, évoquant l'enfant douce
avec un grand chapeau de fleurs des Pamplemousses,
avec l'argentement de ses pieds dans les mousses,
avec le chien Fidèle, et Domingue, et Marie,
avec la nuit tombée sur la case qui prie,
et les ailes des fleurs aux fleurs des colibris.

Ta voix lente, un peu précieuse, se traînait
sur mon âme, comme un baiser qui fait mourir.
Tu refermas le livre et tu me vis pleurant
comme au temps de Rousseau où l'on pleurait toujours,
comme à l'époque bleue où les beaux sentiments
chantaient, dans la vertu (souviens-t'en, d'Houdetot!)
des hymnes au malheur éternel des amans
qui, trop tard réunis, hélas! s'en vont trop tôt.

... Puis, tu t'épanouis comme la cloche blanche
de quelque fleur rêvée par l'âme d'un étang.
Tu me pressas sur toi, silencieuse et grave.

Un vertige d'azur, charrié par le gave,
sonnait sur les rochers sourds que l'eau claire mire.
Nous voyions passer, de la fenêtre ouverte,
les paysans roides qui allaient à la messe.

Leurs gestes étaient lents et roides, et leurs voix
sonnaient comme un écho bref et fort, et leurs pas
étaient réguliers sur le sol dur. Ça heurtait
l'air. Et les vieilles aux fichus coloriés
comme des jouets, passaient, les gosses devant.
Et les pics pleins de neige semblaient chavirer
dans le glacier du ciel en pierre transparente.

Alors, ô mon amie, mon cœur a éclaté.
Ces pauvretés, ces souffrances, cette lecture,
ces graves montagnards tapant la terre dure,
tout ça m'a rappelé les lieux où je suis né.
J'ai senti dans mon cœur les souffles de Bigorre,
le gravissement blanc du troupeau vers l'aurore,
la hauteur des bâtons des pâtres roux dans l'ombre,
et les feux broussailleux épars parmi les brumes,
et les chiens inquiets, les ânes et les flûtes,
et les bruits de la nuit, et le calme de Dieu.

Oh! Aime-moi. Pose ta main sur ma poitrine,
et respire tout l'amour qui est dans mon cœur.

Je contiens des coteaux de pierre, des ravines,
des villages entiers pleins d'obscures douleurs,
et des troupeaux bêlant vers l'azur blanc des cimes.

Et je contiens aussi, ô ma chère douceur,
ton sourire qui éclaire tranquillement
la route pauvre où mon âme s'est endormie.

Novembre 1898.

Élégie septième

— Dis-moi, dis-moi, guérirai-je
de ce qui est dans mon cœur ?

— Ami, ami, la neige
ne guérit pas de sa blancheur.

— Amie qui, dans les larmes, souris
comme un arc-en-ciel dans la pluie,

dis-moi, dis-moi, ô Mamore,
s'il me faudra mourir encore ?

— Es-tu fou mon petit ami ?
Tu le sais... Nous irons en Paradis...

— O Mamore, dans le ciel bleu,
dis ? Que diras-tu au Bon-Dieu ?

— Je lui dirai que, sur la terre,
il y a de grandes misères.

— O Mamore tant aimée... Dis ?...
Comment sera le Paradis ?

— Il y aura des harpes
d'azur et des écharpes.

— Qu'y aura-t-il encore, Mamore,
au Paradis ? Encore... Encore...

— O ami je suis ta Mamore.
Au Paradis il y a notre amour.

Élégie huitième

Toi qui ne m'as pas fait mal encore, femme inconnue,
toi qui m'aimes, toi que l'on dit si belle et douce,
mon âme éclate en feu vers ta pureté nue,
ô sœur des azurs blancs, des pierres et des mousses
Que fais-tu au moment que, dans cette élégie,
je voudrais comme en un herbier d'Anthologie
enfermer le parfum de mon âme vieillie,
dans un accent plaintif de colombes gémi ?

Il est, dans mon salon, un vieux coffre de rose
près duquel je m'assieds à la tombée du jour.
Je pose mon bâton, boueux des coteaux verts,
dans l'angle noir où dort ma pauvre vieille chienne.
Sur mon chapeau fané par les obscurs feuillages
je jette un rameau rouge en fruits de houx luisant,
et, tandis que j'écoute à l'entrée du village
mourir la cloche obscure et rauque d'un bœuf lent,
je pense à ton amour qui veille sur mon âme
comme un souffle de pauvre à quelque pauvre flamme.

Oh! Si tu viens jamais sur ma route torride
où retentit le chant de la cigale acide,

arrête-toi devant le seuil où les enfants
regardent se traîner avec sa chienne lente
le jeune homme des temps anciens que je suis,
et dont on trouvera, dans les années fanées,
dans le tiroir profond d'une armoire plaintive,
quelques lettres d'amour que l'on devra brûler...

Que n'ai-je été plutôt le jeune homme modèle,
celui que l'on admire au chapitre dernier,
celui de qui de Lias, le conseiller de Cour,
disait en le donnant à sa nièce Zulnie :
« Prends-le; ce garçon-là n'est qu'une poésie :
« il te donne, ma fille, un casier blanc d'amour ? »

Pourtant, ô mon amie, j'ai dans mon âme pâle,
je ne sais quoi de vierge et de libre et de pur.
Il y avait dans les bois de mon hameau natal
des sources de graviers qui étaient des trous d'azur.
Lentes, elles coulaient dans la paix des pelouses,
et les petits bergers s'agenouillaient près d'elles
et posaient, au-dessus, des moulins dont les ailes
étaient quatre petits morceaux de bois croisés.
Souvent j'ai resongé à ces heures divines,
souvent j'ai resongé à ces moulins légers,
souvent j'ai resongé à ces petits bergers.
Si tu veux nous irons là-bas près de la digue,
sous la paix noire et bleue des coudriers dormeurs,
parmi les iris d'eau et les martins-pêcheurs.
Puis nous retrouverons les sources d'air limpide
et, en penchant ton front vers elles, tu verras
l'enfant que j'ai été et qui te tend les bras.

Je n'ai jamais osé revoir ces coins d'enfance.
Si je les revoyais ce serait avec toi,
ô toi qui m'aimes tant et ne me connais pas.
Pour ne pas trop gémir dans ce pèlerinage,
il me faut un amour dont je n'ai pas souffert,
une âme qui, longtemps, sur la prairie dorée,
à midi, au milieu des choses bourdonnées,
écoute, dans le chant de l'angelus, mourir
les colombes d'azur de mes amours fanées.

Nous passerons le pont qui ramène au village.
La croix avec le coq, la fontaine, l'école,
les tilleuls et l'auberge où est le *Cheval-blanc*,
le vieux jardin du presbytère où j'étais sage,
tout ça m'inclinera vers ta chère amitié.
Tu comprendras combien les choses sont bénies,
et que je tiens de Dieu ces vagues harmonies
qui montent de mon cœur comme d'un encensoir
vers les humilités des âmes très obscures,
vers un épi malade ou le petit lézard
qui se glisse dans l'émiettement d'un mur.
Il est un grenadier au fond du jardin pauvre
de ma maison natale. Il portait quelques fruits
amers et rouges comme les vents de l'Automne.
Il est des lys aux coins des bordures de buis.
Il est une tonnelle douce qui s'écroulait
sous le poids des parfums que l'Été lui soufflait.
De là on entendait battre les cloches blanches.
Veux-tu, et comme si c'était encore l'enfance,
t'asseoir, ô amoureuse, au pied du grenadier
aux écarlates fleurs et aux feuilles luisantes ?
Je veux m'agenouiller sur la terre natale,
je veux mourir d'amour en la reconnaissant.

... Mais fais tes pas plus doux, ô délicieuse amie.
Entrons dans la maison défunte. C'est la chambre
où je suis né. L'Hiver glaçait la vieille cour.
Un coq chanta peut-être en cette aube d'amour.
Des gens priaient dans la chambre où, ô mon Dieu,
je naissais à ton jour divin, tandis qu'aux roides
pentes de la Bigorre blanche aux torrents bleus,
des pâtres, lentement, conduisaient vers les cieux,
les ânes roux noueux et les brebis bêlantes.
Je te livre ces souvenirs, ô mon amie.
Je les enferme dans cette chaste élégie,
où, comme si j'étais un grand poète antique,
je veux faire descendre et résonner la brise
qui, les cheveux épars, s'éplore par les arbres.
Tu reliras ces vers, un jour, sur mon tombeau.
Qu'il soit d'un bloc de pierre grise, et non de marbre.
C'est dans la pauvreté que je veux mon repos.
Seule viens l'enchanter, ô triste tourterelle,
amante des ifs noirs de la Terre Éternelle.

Élégie neuvième

Sur le sable des allées,
elles s'en sont allées, désolées.

Elles avaient de grands chapeaux tremblants
et des robes aux blancs rubans, sur les bancs.

Elles avaient des âmes de rossignol
qui chante des choses qui volent, folles...

Elles ont fait un geste dans la brise,
un geste que je n'ai pas compris, triste.

Qui étais-je donc ? Elles m'ont trouvé
à l'entrée de la forêt fraîche.

Elles m'ont dit : Vous êtes le poète
auquel rêvent nos cœurs en fleurs qui pleurent.

La Muse était auprès de moi
et tenait des colombes de tombe.

Et ses ailes démesurées
battaient dans les empyrées azurés.

Des grappes de lilas, lentement, tombèrent
du ciel avec mystère sur la terre.

Novembre 1898.

Élégie dixième

I

Quand mon cœur sera mort d'aimer : sur le penchant
du coteau où les renards font leurs terriers,
à l'endroit où l'on trouve des tulipes sauvages,
que deux jeunes gens aillent par quelque jour d'Été.
Qu'ils se reposent au pied du chêne, là où les vents,
toute l'année, font se pencher les herbes fines.
Quand mon cœur sera mort d'aimer : ô jeune fille
qui suivras ce jeune homme, essoufflée et charmante,
pense à mon âme qui, en proie aux noires luttes,
cherchait sur ce coteau raclé par les grands vents
une âme d'eau d'azur qui ne la blessât plus.
Dis-toi, ô jeune fille, dis-toi : Il était fou,
pareil aux amoureux bergers de Cervantès
paissant leurs chevreaux blancs sur la paix des pelouses...
Ils délaissaient les vieilles bourgades enfumées
où Quittéria, peut-être, avait meurtri leurs cœurs.
Dis-toi : Il fut pareil à ces malheureux pâtres
qui essayaient, en vain, couchés aux belles fleurs,
de chanter leurs chagrins en soufflant dans des outres.

II

Quand mon cœur sera mort d'aimer, enviez-le.
Il passa comme un saut de truite au torrent bleu.
Il passa comme le filement d'une étoile.
Il passa comme le parfum du chèvrefeuille.
Quand mon cœur sera mort n'allez pas le chercher...
Je vous en prie : laissez-le bien dormir tranquille
sous l'yeuse où, au matin, le rouge-gorge crie
des cantiques sans fin à la Vierge Marie.

III

Quand mon cœur sera mort... Mais non... Viens le chercher
Viens le chercher avec ta grâce parfumée.
Je ne veux pas qu'il se refuse à ton baiser.
Prends-le, emporte-le avec cet air farouche
que tu avais parfois lorsque tu me serrais
sur ta gorge... Ne pleure pas, ô mon amie.

Ne pleure pas, amie. La vie est belle et grave.
J'ai souffert et t'ai fait souffrir plus d'une fois...
Mais les agneaux paissaient l'aurore des collines,
mais la lune baisait les brouillards endormis,
mais les chevreuils dormaient sur les clairières pâles,
mais les enfants joyeux mordaient les seins des mères,
mais des bouches de miel faisaient trembler les corps,
mais tu te renversais ravie entre mes bras...
Ne pleure pas, amie. La vie est belle et grave.

Quand mon cœur sera mort d'aimer, je n'aurai plus
de cœur, et alors je t'oublierai peut-être ?
Mais non... Je suis un fou... Je ne t'oublierai pas.
Nous n'aurons qu'un seul cœur, le tien, ô mon amie,
et, lorsque je boirai aux sources des prairies
et que je verserai de l'azur dans tes lèvres,
nous serons tellement confondus l'un dans l'autre,
que je ne saurai pas lequel des deux est toi.
Quand mon cœur sera...
Mais n'y pensons pas, ma chère
amie... Tes seins ont tremblé de froid à ton réveil
comme des nids d'oiseaux dans la rosée des roses.

Mon cœur éclatera, vois-tu, de tant t'aimer.
Il s'élance vers toi comme dans un jardin
s'élance vers l'air pur un lys abandonné.
Je ne puis plus penser. Je ne suis que des choses.
Je ne suis que tes yeux. Je ne suis que des roses.
Que regrettais-tu donc lorsque je t'ai quittée,
si je n'étais pas moi et si j'étais des roses ?

IV

Quand mon cœur sera mort d'aimer : sur le penchant
du coteau vert, mon âme veillera encore.
Sur le coteau où vous irez, ô doux enfants,
elle luira dans les haies mouillées pleines d'aube.

Elle flottera, pendant la nuit, dans la brume
qu'adoucit la grise humidité de la lune.

Elle aura la fraîcheur des roses qui s'allument
sur le grelottement mouillé des anciens murs.

Elle ira se poser auprès des niches sombres
où dorment les vieux chiens au seuil des métairies,
et elle ira sourire à ces petites tombes
où sont des innocents qui n'ont pas vu la vie.

Que ma torture alors se noie dans la douceur,
et que ces jeunes gens qui viendront du village
à l'endroit où l'on trouve des tulipes sauvages
aient beaucoup de naïveté et de bonheur.

Pense à ces choses-là par cette journée triste.
Pleure, pleure et pleure encore, pleure sur mon épaule...
Tu es troublée, n'est-ce pas, de ce que je te quitte ?
Tes baisers parfumés tremblent comme de l'aube.

Dis-moi, disons adieu à nos âmes chéries,
comme aux temps anciens où pour les grands voyages
des mouchoirs s'agitaient sur des faces flétries,
entre les peupliers des routes des villages.

Laisse. Abandonne-toi à ta douleur, et laisse
encore ton visage secoué par les larmes
se calmer doucement sur les chocs de mon cœur.
Souris-moi comme quand on est dans la tristesse ?...

Élégie onzième

A Madame Arthur Fontaine.

Où es-tu ? Quelle a été ton existence paisible,
toi que j'ai connue vers nos quatre ans, petite fille
qui habitais chez ton vieux grand-père de notaire,
toi dont j'ai déjà parlé dans mes poésies ?
Souviens-toi du jardin, souviens-toi de la claire
journée, où les boutons de roses du Bengale
parfumaient les poiriers où criaient les moineaux ?
Sur le perron, avec sa casquette de velours
et sa chaise en arrière appuyée contre le mur,
ton aïeul regardait le temps tourner au beau.
Peut-être songeait-il à de vieilles amours,
et le vent, qui soufflait aux glycines d'azur,
lui apportait-il le son d'une guitare morte.

O ma petite amie qui t'appelais Marie,
tu n'as pas, comme moi, sans doute, sur la vie
jeté je ne sais quel regard un peu poseur
qui me fait maintenant me mourir de langueur,
mais bien sincèrement m'agenouiller. Écoute :

Tu as dû, par un beau jour d'été de Saint-Martin,
te fiancer à quelque simple et doux jeune homme.
Puis vint la noce et, aux bordures du jardin,
la servante paysanne a dû cueillir du thym
pour le repas où était le civet de lièvre.
Et puis, bien simplement, tu as donné tes lèvres
à ton mari qui est un gentil petit notaire.

Va, mon amie, tu as choisi la belle existence.
Peut-être, ce matin, lorsque j'écris ces vers,
tu te seras levée et tu auras ouvert,
avec ta fraîcheur honnête, les contrevents verts.
S'il me fallait choisir un souhait pour la journée,
je voudrais savoir ce que tu es devenue.
Dans la salle à manger où une vierge en tulle
est sous un globe, je voudrais redéjeuner.
Je te dirais : j'ai bien pensé à vous souvent,
depuis ces vingt-six ans où nous avions quatre ans.

Je causerais avec ton mari jusqu'au soir.
Et, après le dîner, sur le perron usé,
je m'assoierais avec vous deux sous la glycine.
Je vous dirais que j'ai souffert toute la vie.
Et vous, sans trop comprendre à cause de quel motif,
votre cœur sentirait mon horrible souffrance.
Mais vous seriez heureux de me sentir plus calme,
par la belle soirée qu'il ferait ce soir-là.
Nous écouterions monter le chant des âmes,
de la route où l'on voit s'allumer et s'éteindre,
dans la tiède obscurité, les voitures, vite.

Puis vous me donneriez, pour que j'y dorme bien,
la chambre bleue à la jolie tapisserie.

Existe-t-elle ? Y a t-il de tendres dessins
où une paysanne tire de l'eau du puits
à côté d'une vache suivie de la génisse ?
Le dessin y est répété tant de fois ! De l'église,
l'Angelus du matin coulerait en tremblant
comme de l'eau de ciel, d'azur et ruisselante.

O petite Marie, le jour où je mourrai,
— on meurt presque toujours aux fins des élégies —
cueille de la fougère à la noire forêt.
Voici comme je veux que soit le bouquet frais
que tu déposeras sur ma tombe poétique :
Tu mettras, tout autour, de la mousse translucide,
et de ces lys violets qu'on appelle colchiques.
Tu mettras, en souvenir de Gide, des narcisses,
car c'est lui qui paya l'édition d'*Un jour*.
Tu y mettras aussi, avec leurs longues tiges,
des nénufars en pierre blanche, au cœur doré,
car ils rappelleront, non pas un jour d'amour,
mais un jour de tristesse infinie et charmante
ou, sur un lac pareil aux lacs de Lamartine,
j'en couvris une dame au sourire lassé.
Tu y mettras aussi des bruyères d'un rouge vif
cueillies sur l'ocre de quelque coteau aride.
Tu les y cueilleras à l'heure de midi,
quand le bourdonnement des guêpes s'entend seul.
J'aime ces fleurs que les écolières effeuillent.
Tu y mettras aussi une fleur que Mamore
cueillit dans la saison triste de notre amour.
Tu y mettras aussi, ma chère amie, des roses
qui te rappelleront mon enfance morose.

25 janvier 1899.

Élégie douzième

A Madame M. M. Moreno-Schwob.

I

O grand vent qui soulèves la voile des vaisseaux
et les anémones à la lisière des forêts;
vent qui as soulevé l'âme du grand René,
lorsqu'il criait des mots amers aux grandes eaux;
vent qui faisais trembler la case de Virginie,
et qui désoles les cours d'Automne du Sacré-Cœur;
vent qui viens me parler à ma petite table :
je t'ai aimé toujours, que tu filtres le sable,
ou que tu envoies la pluie de droite à gauche, en face.

Berce-moi doucement. Sois pour mon pauvre cœur
l'ami que tu étais lorsque j'étais enfant.
Il y avait un grenier où j'allais souvent
t'écouter siffler sous les portes et par les fentes.
Et puis, je me mettais sur une caisse. De là,

je regardais la neige bleue de la montagne.
Mon cœur sautait. J'avais un petit tablier blanc.
Pleurer, mon Dieu ?... Je ne sais plus... J'avais quatre ans.
Oh! La contrée natale... Qu'elle était transparente...

O vent, veux-tu, me dis, que gardien de chèvre,
je donne ton baiser à ma flûte légère,
assis comme un poète au milieu des fougères ?
Veux-tu faire se pencher vers moi comme des roses
toutes les bouches de toutes les jeunes filles ?
Dans quel pays mènes-tu mon rêve ?... Dans quel pays ?...
Des mules sont passées dans la neige d'aurore
qui portaient des vins noirs, du tabac et des filles.

II

O vent où se défont les Angelus légers,
ainsi que les pommiers fleuris dans les vergers;
qui argentes et fais remuer la pelouse;
qui fais sonner le pin et froisses l'arbousier;
qui gonfles le nuage et le traînes. O vent,
tu fais encore plus mon âme solitaire
quand je t'entends du fond de ma petite chambre.
Quand j'ai pleuré ou ri, ta voix m'accompagnait.
Lorsque je lis Jean-Jacques, c'est toi qui agites
dans les vieilles gravures les cimes forestières.
Je laisse aller mon âme. Je me dis : *Je médite*,
quand ma pensée se meurt à t'écouter parler.

C'est toi qui as conduit par l'océan verdâtre
mon aïeul s'en allant aux Antilles en fleurs.
Tu soufflais en tempête au sortir de la France.
La pluie, les grêlons rebondissants venaient battre
le hublot. Les cloisons craquaient. On avait peur.
Mais quand on approcha des heureuses Antilles
ta voix sourde se tut et tu éclatas de rire
en voyant, anxieuses, attendant sur le môle,
ainsi que des mouettes, les cousines créoles,

Oh! Que je le revois, ce jour d'une autre vie.
Mon Dieu, y étais-je, dites, je vous en prie?
Oui, je revois l'aïeul des cousines suivi,
montant la grand'rue de Saint-Pierre-de-Martinique.
Vent, tu avais soufflé dans les corolles vives
des tabacs, et soulevais les douces mousselines
qui étaient les calices légers des cousines.

C'est pour ça, vent qui souffles, que tu es mon ami.
Je sais ce que tu sais. Je t'aime comme un frère.
Je souhaite ton bonheur d'errer dans les ormeaux.
Je sais que tes milliers de cœurs sont les oiseaux.
Je sais que je comprends le sens de tes paroles.
Je sais que les baisers des cousines créoles
sont passés avec toi aux roses du jardin,
parmi la rosée rose et bleue de ce matin.

Avril 1899.

Élégie treizième

Lorsque l'on jouera de l'orgue pour nous seuls
dans l'église,
elle aura des gouttes d'azur sous les cils,
des larmes de bienheureuse.

Mais où est celle qui est assez pure
pour mon âme qui est une cloche
d'église paysanne enfouie sous des aristoloches ?
Fiancée, où es-tu ?

Ah ! Si l'âme de mes roses blanches de juin
souffle à tes lèvres de rose-Bengale :
lave ton corps, ô trembleuse, mets tes sandales
et viens.

Quitte le monde amer et viens dans la cellule
de mes recueillements,
d'où l'on entend courir l'eau vive sous les menthes
que le soleil blanc consume.

Pour toi, j'ai préparé la fraîcheur verte de mes rêves
où dorment des brebis.
Pour toi, j'ai un collier de cailloux blancs des grèves
lavés à l'eau des puits.

Si tu arrives lasse, je m'agenouillerai
et délierai tes sandales.
Tu n'auras qu'à laisser tomber sur mon épaule
ta tête, et je te porterai.

La maison blanche emplie d'une rumeur dorée
célébrera ta venue.
Ta sieste rêvera de la fraîcheur des cruches,
sur mon lit où je t'étendrai.

Et, pleurant d'amour, j'irai dans le blanc solstice,
suivi de mes chiens harassés,
sonner la cloche en fleurs des plus pauvres églises
pour annoncer la Fiancée.

1er juin 1899.

Élégie quatorzième

— Mon amour, disais-tu. — Mon amour, répondais-je.
— Il neige, disais-tu. Je répondais : Il neige.

— Encore, disais-tu. — Encore, répondais-je.
— Comme ça, disais-tu. — Comme ça, te disais-je.

Plus tard, tu dis : Je t'aime. Et moi : Moi, plus encore...
— Le bel Été finit, me dis-tu. — C'est l'Automne.

répondis-je. Et nos mots n'étaient plus si pareils.
Un jour enfin tu dis : O ami, que je t'aime...

(C'était par un déclin pompeux du vaste Automne.)
Et je te répondis : Répète-moi... encore...

Élégie quinzième

A Henri Ghéon.

J'ai retrouvé, dans cette flore, une herbe sèche
mise il y a quinze ans, un Dimanche, à Bordeaux,
par un soir parfumé et blond comme une pêche.

Bordeaux est une belle ville où des bateaux
sonnent de la trompette au fond des pluies de suie.
C'est là que s'embarqua Madame Desbordes-Valmore.

Elle dut s'embarquer avec des orphelines,
et des cheveux épars à l'avant du bateau.
Elle dut chantonner *Le Rivage du Maure*,
en faisant un grand geste, et gonflée de sanglots.
Ah! Elle dut toucher le cœur du capitaine
habitué cependant aux fièvres, aux typhons,
aux coups de caronade et aux lames de fond.
Il dut la regarder, la jeune poétesse
qui, en sentant virer le navire, pâlit.

Emportait-elle un chat dans son humble cabine,
ou bien un canari qu'elle avait élevé
et pour qui de l'eau douce, un peu, fut réservée
dans la tristesse de la longue traversée ?
Dans le porte-monnaie de la pauvre orpheline
resta-t-il quelques sous quand on passa la Ligne
pour payer son baptême aux marins déguisés ?

Mon cœur, ne souris pas de cette poétesse.
Elle était le génie qui doit souffrir sans cesse,
et dont le sel amer des larmes soucieuses
cuit la paupière rouge et plaque les cheveux.
Elle était l'exilée qui se confie aux brises,
que, seuls, les colibris d'arc-en ciel ont comprise,
et celle dont les bras aux harpes de l'Empire
se crispèrent en vain sous les longs repentirs.

Quand elle débarqua aux Antilles heureuses,
avec la flamme noire au fond de ses joues creuses,
elle dut rechercher quelque petit hôtel
où elle pût manger ce que mangent les gens
qui, lorsqu'il faut payer, soupirent tristement.

Et moi, je la salue de mon souvenir, celle
qu'une herbe desséchée aujourd'hui me rappelle.
Mais qui me saluera, lorsque je serai mort,
ainsi que j'ai salué Desbordes-Valmore ?

Élégie seizième

Les roses du château de X..., le grand perron,
le bois humide où l'on cueillait des champignons,
les midis ennuyés sur le cadran solaire,
et les baguenaudiers dans le parc séculaire,
c'est le deuil de mon cœur, et je suis mort de vivre.

O Mamore, ô ma morte aimée, n'était-ce pas
ton chapeau qui tremblait sur la torpeur des vignes,
ce soir triste où je m'embarquai pour l'Angola
comme Robert-Robert, et les caoutchoucs noirs ?
Que je voudrais savoir si le cadran solaire
existe encore à l'angle où les lauriers d'Espagne
luisent dans la tristesse humide de l'allée.
Je me souviens du jour de mon embarquement :
les bouches contractées avalèrent des larmes,
et les dernières fleurs que tu m'avais cueillies
furent les plus dorées de la chaude prairie.

Je ne parlerai pas comme Robert-Robert
des nègres bleus que les coups de rotin brûlèrent,
ni du typhus ardent, ni des larges averses.

D'autres, autorisés plus que moi, évoquèrent
les voyageurs prostrés sous les coups de tonnerre.

Je parlerai de l'ensuite de cette vie,
et du deuil qu'aujourd'hui me laisse ma naissance.
Pourquoi si tout est mort est-ce donc que j'existe ?
En vain, je vois blanchir la poussière aveuglante.
Et la charrette à âne où tu te promenas
ne peut plus apparaître au sommet de la route.
Et je suis inquiet. Mon cœur pleure. Je doute.
Ton fouet aux néfliers ne s'accrochera pas.
Le pommier du matin ne pleuvra pas sur toi.
Je n'aurai que mes chiens et ma boueuse canne.
Et de tout cet amour dont éclate mon âme,
je ne rapporterai que du vide et du sable.

Morte, toi. Morts tous. Mort. Ils ont coupé les branches
que longeait en tremblant la vieille diligence.
Ils ont comblé l'ornière. Ils ont mis du gravier
là où la source coupait la route en deux. Et
le char virgilien n'y peut plus cahoter.

Mais je sais : Il est pour nous une autre contrée,
celle que les anciens nommaient Champs-Élysées
et dont, un soir d'avril, me parla un poète.
C'est là que, devisant, les amoureuses ombres
vont défiant « *le Temps et l'Espace et le Nombre* ».

C'est là que tu iras dans ta charrette à âne.
Et je viendrai à toi, que tu veuilles descendre.
Tu souriras, des lys sur ton chapeau de paille,

ainsi qu'un chèvrefeuille et ployée, et ta taille
succombant sur mon bras, et ta joue à ma tempe.

Dans ces Champs bienheureux tout nous sera rendu,
jusqu'au moindre grillon, jusqu'à la moindre mûre.
Par les ruisseaux touffus couleront les murmures
qu'ont aujourd'hui nos cœurs d'être longtemps perdus.
Les fruits seront gonflés, les palmes seront noires,
et Dante, soulevant sa robe, passera.

Le soir, nue et couchée aux fraîches anémones,
la grâce de tes bras me donnera l'aumône.
Une rosée glacée, qui pourtant sera douce,
caressera tes reins plus souples que la mousse,
et tes seins ronds et durs et ensemble dressés
feront qu'en les voyant s'étonnera Pomone.

Mais il n'est point encore de ces Champs-Élysées.
La vie reprend. Le château vide est toujours là,
et dans les Atlas clairs dorment les Angolas.
On ne sait pas. On ne sait pas. On ne sait pas.
Ton fouet aux néfliers ne s'accrochera pas.

Élégie dix-septième

A Madame Eugène Rouart.

Il a plu. La terre fraîche est contente. Tout luit.
Une goutte d'eau pèse et pend à chaque rose,
mais il va faire chaud, et, cet après-midi,
le soleil bourdonnant fendra la terre rousse.
Le ciel brumeux se troue de bleus comme de l'eau
d'où des raies en travers tombent sur le coteau.
La taupe lisse, aux ongles forts, a rebouché
ses gîtes racineux qui pèlent la pelouse.
La limace argentée a traversé la route,
la fougère trempée est lourdement penchée,
et les ronces ont plu au cou des jeunes filles...

Car elles sont parties, les jeunes filles, vers
ce qu'il y a de mouillé, de tremblant et de vert.
L'une avait son crochet, l'autre la bouche vive,
l'autre avait un vieux livre et l'autre des cerises,
l'autre avait oublié de faire sa prière.

— Lucie, regarde donc toutes ces taupinières ?
— Oh! Que cette limace est laide. Écrase-la.
— Oh! Horreur! Je te dis que non... Je ne veux pas.
— Écoute, le coucou chante ?

Elles sont allées
jusqu'au haut du chemin qui entre dans la lande.
Leurs robes s'écartaient et puis se raprochaient.
Les silences de leurs voix claires s'entendaient.
Une pie rayait longuement le ciel. Un geai
jacassait poursuivant un geai sur un noir chêne.
Ainsi qu'un éventail les robes s'écartèrent
encore, en ondulant, au soleil du sommet.
Elles ont disparu. Je m'en suis attristé.
Et, me sentant vieilli, j'ai pris dans le fossé,
je ne sais pas pourquoi, une tige de menthe.

La jeune fille nue

A André Beaunier.

PERSONNAGES :

LA PETITE VIEILLE.
LA JEUNE FILLE.
LE POÈTE.

Scène première

Dans sa pauvre maison le poète reçoit la visite d'une petite vieille. Elle porte un cabas usé. Elle est coiffée d'un foulard tombant en pointe sur le dos et bariolé, vêtue d'une robe verte et d'un vieux châle de l'Inde que lui a donné quelque dame. Sa figure est très douce, comme une pomme ridée, avec deux petites gouttes d'azur qui sont les yeux.

La chambre du poète donne sur le jardin où il y a des lilas, des tulipes, des fils de rosée rose et bleue et des guêpes. Au-dessus de fleurs de sureaux, trois papillons tressent leurs vols. L'air, la terre, l'eau du gave qui brille au loin sont tellement purs que l'on est dans du reflet de coquille. La cassure de neige des montagnes chavirées, la colline qui a des reflets de plume de paon, la fraîcheur des peupliers sont un étourdissement qui tremble. Une cloche sonne, un char roule, des oiseaux jacassent comme des galets plaqués l'un contre l'autre.

Sur la colline il y a la masse épaisse d'un grand bois.

La fin de la scène est au crépuscule.

LE POÈTE

Petite vieille drôle, qu'as-tu dans ton cabas ?

LA PETITE VIEILLE

J'ai des limaçons pour mes canards, et des bas.

LE POÈTE

Et encore ?

LA PETITE VIEILLE

Les framboises chaudes des forêts.

LE POÈTE

Et encore ?

LA PETITE VIEILLE

Des écheveaux de fils de rosée.

LE POÈTE

Et encore ?

LA PETITE VIEILLE

Encore ? Il y a des roses
cueillies dans l'ombre noire de midi.

LE POÈTE

Et encore ?

LA PETITE VIEILLE

Un morceau de pain gris qu'un pauvre plein de poussière
a léché, et qui lui a fait la bouche amère.
J'ai creusé le crouton avec mes dents de vieille.

J'en ai sorti la mie et j'ai, comme un moineau,
fait tremper cette mie dans un joli ruisseau.
Le pauvre avait les pieds luisants et bleus de plaies,
je lui ai mis la mie dessus pour qu'il y ait frais.

LE POÈTE

Petite vieille drôle qui es bonne et honnête,
as-tu un remède pour mon âme de poète ?
Tu aurais pitié d'elle, si tu savais...
Elle est comme une mésange qui ne cesse de crier
sous l'ombre, en cercles rapprochés, d'un épervier.
je n'ai jamais bien pu m'expliquer ce que c'est.

LA PETITE VIEILLE

Ce n'est point des onguents, non plus des vermifuges,
que l'on fabrique dans le recueil blanc des refuges,
avec une cornette et des mains du Seigneur,
qu'il te faut pour guérir la fièvre de ton cœur.
Mais écoute : Il est, au cœur vert du noir bois frais,
un chêne, le plus grand de toutes ces forêts.
Une croûte d'abeilles d'or sur son tronc bouge,
et sa cime de nuit touche le soleil rouge.
Il est tordu ainsi qu'une vis de pressoir
et il a l'air, le soir, d'écraser des étoiles.
La nuit l'emplit de jour, le jour l'emplit de nuit.
Il est bon. L'écureuil dont le bond vole vite,
le grimpereau choqueur, le cerf-volant l'habitent.
Un petit monde humide sous son écorce s'abrite.
Une mousse en soleil vient mourir à ses pieds.
Il se réjouit bien, quand les douces averses
sonnent trembleusement sur ses feuilles alertes,

dans l'ébouriffement criard des vieux piverts
qui ont fait à son bois de petites fenêtres.
Au milieu du feuillage arrondi de ce chêne
est un grand nid de mousse, frais comme un bénitier,
que tapissent des fils-de-Vierge bleu rosé
et des effeuillements de roses arrosées.
C'est dans ce nid d'amour tremblant qu'est étendue,
le corps plein de rosée, une jeune fille nue...

LE POÈTE

En t'écoutant parler, je ne sais quel beau jour
gonfle mon cœur comme un raisin plein de soleil...
Mais tu ne me dis pas, originale petite vieille,
ce qui peut guérir mon cœur mort d'amour ?

LA PETITE VIEILLE

L'amour.

LE POÈTE

Tais-toi. C'est douloureux. Tu sais que c'est fini.
Depuis un an mon cœur m'étrangle. Elle est partie,
celle qui avait fait dans mon cœur sa patrie.

LA PETITE VIEILLE

Elle n'habitait pas, comme cette autre, un nid
dans une forêt noire où il n'y a personne
que la plainte engourdie de l'angelus qui sonne,
ou le frisson mouillé d'un mulot qui se glisse
dans la terre friable et bonne aux plus petits.

LE POÈTE

Ne me fais pas pleurer. L'autre habitait mon lit,
plus doux qu'un nid de mousse alors qu'elle y était
C'était comme un printemps qui aurait été l'été.
Son corps était pareil aux lilas flétrissants
qui se penchent, et sa bouche aux fraises écrasées
sur un seuil blanc d'Automne où pleurent des enfants.
Oh! N'as-tu pas plutôt, bonne petite vieille,
quelque breuvage doux cueilli par les abeilles ?
Cela mettrait du miel, peut-être, dans mon cœur.
N'as-tu pas aussi bien un baume de douceur
où entrent la sueur sacrée du laboureur
et le lait bienfaisant d'une petite chèvre ?
Pourrais-tu me laisser ainsi souffrir toujours,
pleurer toujours, lassé de ne voir sur la route
que ce je ne sais quoi qui est toujours le même ?

LA PETITE VIEILLE

Le corps plein de rosée, la jeune fille nue
t'attend. Ne tarde pas. L'amour nouveau bourdonne
sur la verveine bleue et sur les hellébores.

LE POÈTE

Dis, celle qui partit qu'est-elle devenue ?

LA PETITE VIEILLE

Ne pleure pas, enfant. Va. Gagne la forêt.
Ce qui manquait au lit de l'ancienne maîtresse
n'étaient ni l'églantier défleuri, ni les tresses

de rosée rose et bleue, ni la douce paresse
qui fait que l'on s'endort avec les bras brûlants;
c'était bien plus que la douleur qui te manquait :
la résignation que l'on nomme bonté.
Mais elle existe, ami, sereine et naturelle,
celle qui guérira ta blessure cruelle.
C'est celle qui habite au nid de mousse en fleurs,
née au milieu des bois, dont les bras gracieux
n'ont pressé que l'azur, croisés dessus sa gorge
plus gonflée qu'un soupir et plus blonde que l'orge.
C'est celle dont les yeux ne virent que le ciel,
qui se couche rieuse et dont le ventre bombe
vers le vol le plus haut des plus chastes colombes,
et dont les cheveux blonds n'ont subi que les ruches
qui les prenaient le soir pour des blés inconnus.
C'est la vierge parfaite au sein de la nature,
dont le corps est sans tache et la pensée est pure.

LE POÈTE

De qui est-elle née, ô bienfaisante vieille
qui te courbes ainsi que la haute fougère
au déclin de l'Été, ô bienfaisante vieille
aux mots légers comme une grappe de bruyère;
de qui est-elle née celle qui dort ainsi
couverte de rosée et nue dedans son nid ?

LA PETITE VIEILLE

Je te dirai plus tard et son père et sa mère.
Mais ne perds pas de temps. Aux lisières nocturnes
déjà se gîte la rapidité des lièvres.
La première étoile, celle qui annonce aux couturières

que l'ouvrage est fini dans les fermes obscures,
se montre et brille ainsi qu'un verre sur un mur.
Le rossignol essaye dans le nocturne azur
ses trois appels suivis d'un rire en pleurs de source.
Prends ton bâton. Franchis la haie où les rainettes
coassent. Vois : la lune illumine les mousses.
La nuit fera le jour, si bien que réveillés
les coqs éclateront croyant l'aube venue.
Viens. Tu pénétreras dans la belle forêt
où dort dans la rosée la jeune fille nue.
Moi, priant et courbée, je te précéderai.

Scène deuxième

La nuit, folle de lilas, règne sur les prairies indécises. La lune noie dans ses eaux de lumière trembleuse les labours épaissis. Elle accuse la silhouette violette des coteaux dont les lignes d'ombre se mêlent à l'ombre d'une seule ligne qui bondit. On entend une flûte confuse parmi des bêlements de brebis. Le troupeau soupire comme Dieu. Des flaques luisent. Les étoiles tremblent comme des rosées de feu.

LE POÈTE

O ma petite vieille, nous faudra-t-il encore
marcher longtemps ?

LA PETITE VIEILLE

Il n'est que minuit. A l'aurore
nous apercevrons la lisière du bois touffu.

LE POÈTE

Quel est ce bruit qui tremble sur les prairies confuses ?

LA PETITE VIEILLE

Ce sont les mots d'amour que se disent les choses.

LE POÈTE

Écoute ?

LA PETITE VIEILLE

C'est un chien veilleur qui aboie
au clair de lune dont l'ombre bouge sur les roses.

LE POÈTE

Et ceci ?

LA PETITE VIEILLE

C'est le bruit d'un métier à tisser
dans la nuit d'une grange où luit une lumière.

LE POÈTE

Et ceci ?

LA PETITE VIEILLE

C'est l'agitation des chaînes sur le bois
des étables.

LE POÈTE

Et ceci ? Et ceci ?

LA PETITE VIEILLE

C'est l'appel lent
d'un grave rossignol. C'est la poussée des germes.
C'est le clapotement sur la mare de la ferme
d'un crapaud dont de temps en temps, seule s'élève
la note soupirée par son âme de verre.
C'est le crissement fin de la chauve-souris.
C'est la source pleureuse au fond de la prairie.
C'est l'appel triple et doux des cailles au blé vert.

LE POÈTE

Quelle est cette lumière qui est presque de l'ombre ?

LA PETITE VIEILLE

C'est l'aube qui va accoucher. Elle se gonfle.
Elle va accoucher de tout ce qu'on verra :
du soleil et de l'eau, de la terre et des bois.

LE POÈTE

Qu'est-ce qui luit ?

LA PETITE VIEILLE

C'est un lac sous la lune de givre.
Il tremble et fume sous les aulnes de la rive.
Quel silence. On dirait, la brume s'élevant,
que tout le lac s'élève en devenant d'argent.
La poule d'eau effarouchée le bat de l'aile.
De l'argent. De l'argent. Tout le lac est d'argent.

C'est un silence qui est glacé et qui brille.
Attends. Je veux cueillir pour cette jeune fille
qui est nue et t'attend dans un nid de rosée,
un bouquet de brouillard en fruits de clématites.

LE POÈTE

Vieille, ne vas-tu pas trop remplir ton cabas ?
Il y a déjà tant de choses...

LA PETITE VIEILLE

Que non pas,
car rien ne peut combler un cabas de pauvresse.
Ces fruits sont des duvets de brouillard qui s'effrange.

LE POÈTE

Dis ? N'est-ce pas là-bas des brumes d'ailes d'anges ?
On sent passer des vols de choses immobiles.
O divine et cocasse vieille ! La beauté
de tout ce que je vois d'heure en heure s'augmente.
De quel charme l'enchantes-tu ?

LA PETITE VIEILLE

De pauvreté.
L'air est un océan. L'Aube accouche la Terre.
Les coteaux surgissants, pareils à des baleines,
nagent vers le soleil et bondissent. Un char
crie, écrasant là-bas le gravier de la boue.
La vie commence. Vois : les herbes les plus petites
commencent une à une à se montrer. Voici

l'euphorbe d'or, la véronique bleue, la mousse.
Sens-les vivre dans leur bonté modeste et douce.
On ne les entend point. La rosée est leur voix.
Leur âme tendrement un jour se fanera.
On les a surnommées les *simples*, simplement.
Elles font un devoir ignoré, comme nous.
Elles ont toujours l'air de prier à genoux.

Le soleil est monté dans le ciel. La matinée devient torride. dans la sécheresse des terres crient les grillons. Dans les épaisses prairies éclatent les reines-marguerites et bougent les minces lins bleus. Le vol blond des hannetons poudroie sur les feuilles luisantes des chênes. Les bras des arbres hissent dans l'azur des soleils de gui. L'azur, d'un rose ardent et luisant, caresse la forêt, lointaine encore, pareille à une colline. Un souffle fait frémir un cerisier, puis se meurt. Mille oiseaux chantent. Les becs-fins se perchent aux aubépines, la queue saluante, et les piverts, semblables à des fuseaux, trament des courbes dans le ciel. Les claies d'or des bosquets projettent leurs cadres d'ombre sur l'émeraude des bruyères et des fougères.

LE POÈTE

Approchons-nous ?

LA PETITE VIEILLE

Tu vois là-bas la forêt noire.
C'est un reposoir frais comme le Paradis.
Nous l'atteindrons à l'heure rouge où les midis
balancent aux clochers paysans leurs ailes bleues.

LE POÈTE

Mon cœur meurt en songeant que dans la canicule,
dans les coquelicots, au bord des gaves frais,
celle qui fut ma joie, légère comme un tulle,
écrasera sa lèvre à un nouvel aimé.
Mon cœur se tord et meurt. Dis, se sont-ils levés ?
Ont-ils ri ce matin ? Reviendront-ils ce soir,
sans penser qu'à travers la nuit et le soleil,
je n'avais pour pleurer que ta douceur de vieille ?

LA PETITE VIEILLE

Aie donc confiance. Avant ce soir tu auras vu
celle qui te guérira, celle qui est nue
dans l'ombre ensoleillée de la hutte feuillue.
Devant elle ton cœur oubliera ce passé,
par qui tu es pleurant et par qui harassé.
Tu ne songeras plus à celle dont les jambes
t'enlaçaient comme un lierre en meurtrissant ton âme.

LE POÈTE

Je ne puis oublier ses caresses si franches.

LA PETITE VIEILLE

La feuille verte oublie la feuille jaunissante.
L'abricotier oublie la neige du Printemps.
Tu sentiras se fondre à l'émail de tes dents
le fruit d'amour nouveau de ta jeunesse ardente.
N'es-tu comme un rosier qui, desséché d'abord,
ensuite voit renaître un flot de roses d'or ?

LE POÈTE

O vieille, ton langage est un rayon de miel.
Ce miel, où l'as-tu pris : de quelle douce aurore,
de quels calices purs et de quelles abeilles ?

LA PETITE VIEILLE

Ce miel est, mon enfant, celui de mon Automne.

Scène troisième

La petite vieille pousse la porte moussue et vermoulue de la cabane qui se confond avec l'arbre qui l'abrite. Une espèce de verdure dorée tapisse l'intérieur de la hutte rongé par des lichens. Dans les fentes des planches poussent des violettes. Des lierres entrent dans la cabane, mêlés à des roses qui s'étouffent entre elles, collent les bouches rouges de leurs pétales aux trous d'azur qu'ont creusés les piverts, sont sucées par des guêpes.

Au milieu de la cabane, et débarrassée de ses vêtements grossiers humides encore de la rosée nocturne, se tient une jeune bûcheronne.

Elle est nue comme la lumière et comme l'eau. Et, tandis que le soleil chante au-dehors, elle se courbe, un pied posé sur un fagot de frais noisetiers sauvages que son bras levé ébranche avec une hachette. Des bêtes-à-Bon-Dieu courent sur le sol couvert de brindilles.

La jeune fille se retourne soudain, mais n'aperçoit tout d'abord que la petite vieille qui est sa grand-mère.

De la nuque aux talons, elle n'est qu'une courbe ensoleillée. Ses cheveux sont blonds et ses yeux bleus.

LA PETITE VIEILLE

Nous avons marché toute la nuit, tout ce matin,
le long des lacs, sur les mousses et sur les thyms.

LA JEUNE FILLE

J'ai passé la nuit à couper et lier des branches.
Ma hachette, sous la lune, était toute blanche.
La forêt parfumée par les écorces fraîches
pleuvait de la rosée sur mon petit tablier.
Bientôt, la pluie tombant des châtaigniers frappés
sur ma nuque a glissé et mouillé ma chemise,
et je sentais sur moi comme un froid d'arc-en-ciel.
J'ai dû me mettre nue et étendre au soleil
mes vêtements trempés, et reprendre l'ouvrage,
nue ainsi, et n'ayant pour vêtir mes seins clairs
que la courbe lueur des feuilles sous ma serpe.

LA PETITE VIEILLE

Qui attendais-tu depuis l'aurore ?

LA JEUNE FILLE

Vous, grand-mère.

LA PETITE VIEILLE

Depuis la rose aurore qui attendais-tu encore ?

LA JEUNE FILLE

Je ne sais, je ne sais, grand-mère... Quelque chose...
Un vide délicieux gonfle mon cœur ainsi
qua la nuit gonfle le rossignol, et la pluie
gonfle les lilas bleus et lourds que le vent brise.
J'ai envie de pleurer, grand-mère.

LA PETITE VIEILLE

As-tu donc peur ?
Les loups sont-ils venus sur les fraises sauvages ?

LA JEUNE FILLE

Non. Les brebis sont seules passées parmi le bois,
et leurs cloches chantaient comme des pluies d'orage.
Le chien rude mordait les bêtes aux jarrets.
L'âne baissait la tête et le pâtre priait,
et les bidons sonnaient aux flancs pelés de l'âne.

LA PETITE VIEILLE

Dis-moi ? Regagnaient-ils la balsamique montagne ?

LA JEUNE FILLE

Pas encore. On conserve encore dans les joncs verts
la lait caillé avec la fleur du chardon bleu.
Quand le pâtre est passé, il avait des jonçaies.
Pour m'en donner il a frappé à cette porte,
en m'appelant; mais je ne lui ai pas répondu,
parce que je tremblais d'être si jeune et nue.
Seul un pivert lui a répondu de sous l'écorce.

LA PETITE VIEILLE

Qu'attends-tu ? Qu'attends-tu depuis la rose aurore ?

LA JEUNE FILLE

Je ne sais pas ce que j'attends. C'est une chose
que je ne puis pas dire et qui est comme une rose
dont on sent le parfum sans qu'on la puisse voir.
Mon âme a soif ainsi qu'aux cailloux du lavoir,
lorsque l'eau y est gelée, une bergeronnette.
Quel est ce clair jeune homme à vos côtés, grand-mère?

LA PETITE VIEILLE

Le toit éclatera sous le poids noir du lierre.

LA JEUNE FILLE

Quel est ce clair jeune homme à vos côtés, grand-mère ?

LA PETITE VIEILLE

Entends le bruit d'argent que font les lavandières.

LA JEUNE FILLE

Quel est ce clair jeune homme à vos côtés, grand-mère ?

LA PETITE VIEILLE

Les perdrix de corail chantent dans la bruyère.

LA JEUNE FILLE

Quel est ce clair jeune homme, grand-mère, à vos côtés ?

LA PETITE VIEILLE

Une brebis perdue sur la mousse a bêlé.
Voici midi. C'est l'heure où il me faut aller
cueillir, pour composer des baumes salutaires,
les rameaux endormis des plantes vulnéraires.
Leurs feuilles assombries dorment dans les fourrés
où la couleuvre lisse et froide s'est nouée.
Le long du vif ruisseau sableux je cueillerai
la menthe, dont l'odeur s'écrase sous les doigts.
Dans la chaude prairie où le vent fait de l'ombre,
poussent le lychnis rose et l'oseille sauvage
qui, pourpre et cannelée, berce sa tige longue.
La reine-marguerite est une jeune fille.
La renoncule est l'œil doré de la prairie,
et le myosotis est l'œil bleu du ruisseau
Le pissenlit est la quenouille du cri-cri.
Les asphodèles sont les cierges du soleil.
Les pervenches sont des étoiles qui ont poussé.
L'iris est un oiseau penché sur la rivière.
Les chèvrefeuilles sont les lèvres de la haie,
et l'églantier tremblant les joues de fiancées.

LA JEUNE FILLE

Que vous connaissez bien les plantes salutaires...
Quel est ce clair jeune homme à vos côtés, grand-mère ?

La petite vieille s'en va.

LE POÈTE

Mon âme est fatiguée ainsi qu'après un songe.
Le dégoût de la vie qu'a causé le mensonge

me laisse sans espoir, car les hommes ont ri
que mon cœur éclatât de les vouloir chérir.
Quand j'ai pansé leurs plaies, les malades ont ri.
Quand j'ai séché leurs larmes, les femmes ont ri.
Quand j'ai chanté leur joie, les bienheureux ont ri.
Lorsque j'ai pris le deuil, les affligés ont ri.
Ceux-là seuls m'écoutaient que l'on nomme poètes,
et qui ont dans leurs yeux le mystère des bêtes.

LA JEUNE FILLE

Tais-toi. Tu dis des mots terribles, mon ami,
comme ceux de l'agneau que le loup a saisi.
Que t'ont fait encore les hommes pour souffrir ainsi,
pour que ton âme saigne ainsi ?

LE POÈTE

Ils ont menti.
J'ai souhaité parfois de m'en aller au loin,
sur quelque grève sauvage, avec mes chiens,
d'où l'on n'apercevrait que le soleil et l'eau
montant et descendant pour mourir l'un dans l'autre.
Mon cœur terrible se tairait dans mon orgueil,
et dans l'horrible joie d'aimer les hommes, seul.

LA JEUNE FILLE

Calme-toi, pauvre ami qui deviens fou. Prends-moi,
ou viens auprès de moi. Je te reposerai.
Tu es seul, avec moi au cœur de la forêt,
la patrie fraîche et bleue où l'on parle à son âme.

LE POÈTE

Laisse-moi. Ma patrie n'est pas ici. A peine
trouvé-je à qui parler, quand sur la route aride
passe un pauvre aux pieds bleus, aux guenilles terribles,
suivi d'un chien méfiant dont le regard a faim.
Depuis que je n'ai plus de femme belle et vaine,
mon amour va vers ceux au cœur gonflé de haine,
ma haine va vers ceux dont le cœur plein d'amour
ne songe pas aux hommes dont jamais une lèvre
n'essuie la face anxieuse et pleine de poussière.

LA JEUNE FILLE

Apaise-toi : tu es venu dans la retraite
du bonheur où les roses mousseuses sont mes amies.
L'amour t'y attend. Je suis auprès de toi tremblante
comme la fleur du cognassier sous une averse.
Je t'aime. Je suis nue. Ma lèvre vers toi brûle
comme une guêpe qui s'irrite sur des fleurs.
Je t'aime. N'es-tu pas celui que mon aïeule
a élu ? N'es-tu pas celui dont la douleur
voudra guérir enfin, bercée dessus mon cœur ?

LE POÈTE

Non. Laisse-moi, amie. J'ai peur que tout amour
ne soit le bourdon bleu qui blesse un liseron...
Ne pose pas sur moi les guêpes de tes lèvres.
La fraîcheur de ta chair est mauvaise à ma fièvre.
N'écrase pas sur moi tes seins polis et ronds.
Les coups précipités de ton cœur me tueront.
Éloigne-toi. J'entends au travers de ton âme
battre le cœur amer et doux d'une autre femme.

LA JEUNE FILLE

O ami, que crains-tu ?... Je suis ta douce esclave.
Je te consolerai de mon sourire grave.
Vois ? Je souris et me meurs de l'amour de toi.

LE POÈTE, *qui s'abandonne peu à peu.*

Ton sourire est pareil aux clairières des bois.

LA JEUNE FILLE

L'âme des roses pleut sur la hutte et l'embrase,
Ma bouche aussi s'effeuille, et mes bras qui t'embrassent
t'aiment, et toute moi t'aime, et mes yeux bleus aussi,
mes jambes éclancées et mes cheveux roussis.
Pauvre cœur. Et ici, du moins, tu trouveras
l'asile simple et pur et calme de mes bras
par quoi tu guériras et par quoi tu oublieras.
Ce sera le refuge espéré du poète,
la simple vie vécue au milieu des écorces
que le Printemps juteux parfume de sa force
et l'Automne orageux recouvre de lichens.
L'Été nous donnera les pêches de la vigne,
le parfum du buis noir et celui du fenouil.
L'Hiver nous donnera les noisettes séchées,
les contes de l'aïeule et le fil des quenouilles.

LE POÈTE

Je vais donc vivre enfin, ô jeune fille nue,
chaude comme un soleil dans la fraîche avenue,
Je t'ai trouvée, amie aimée que j'attendais

depuis si longuement que mon cœur se mourait.
Que bénie devant Dieu soit ton aïeule, celle
qui cueille dans les prés les herbes salutaires,
qui m'a conduit à toi dans la belle forêt
où ton nid de rosée et de rose est tissé.
Tu es l'âme et la chair nues. Tu es la vérité
dont le parfum limpide a fleuri sur ma lèvre.
Quel est ce rêve pur que je vais vivre ?

LA PETITE VIEILLE, *qui réapparaît au poète qui s'éveille.*

Un rêve.

Avril-mai 1899.

Le poète et l'oiseau

A Charles Guérin.

PERSONNAGES :

LE POÈTE.
L'OISEAU.

Scène première

Le poète marche dans une gorge alpestre. Sur sa tête l'azur est comme un ruisseau étroit dont les rochers sont les bords. Et ces rochers plissés, feuilletés, écailleux, suent de l'argent sur du noir. On entend une goutte taper de haut le sol.

Parmi les graviers secs, les buis, les lavandes, des sauterelles sautent comme des éclats de marne.

A droite, dans la combe, au-dessous, il y a un torrent à l'eau creuse et verte. C'est aride, mais on pressent au-delà des sapinières, sur les cimes, des pelouses d'une douceur épaisse et verte où sommeille le gibier.

Le poète chemine sur le sentier sec, aux cailloux aigus. Il est deux heures après-midi. Il chante :

J'ai quitté le village ou sous le blanc soleil
les géraniums se rouillent;
où sous sa feuille rude et velue, la citrouille
s'endort sous l'ombre bleue aux siestes de la treille.
Ceci est le pays pauvre et beau de ma mère
où la terre calleuse offre l'olive amère
au loriot et à la grive.

Écoutez les stridents vols bleus du criquet gris.

Il saute et vole en courbe dans le silence sec
de la lavande sèche à la lavande sèche.

Mon âme avait besoin du rire vert des eaux.
Je suis devenu fou ainsi que les oiseaux,
        et maintenant je pleure.
Je pleure de tendresse au cœur de la vallée.
Comme la gousse mûre au vieux parc désolé,
mon cœur sur la muraille en s'ouvrant est tombé
par un de ces jours blancs où les pêches se meurent.

Voyez donc ma couronne : elle est de guêpes d'or
        entrelacées de houx.
Elle me fut tressée par la noire Mamore
        et suis devenu fou.
Mon âme avait besoin de lever ses mains pieuses,
mon âme avait besoin de la fontaine fraîche
qui emplit les creux d'or de son eau vide et verte.

Allez chercher mon cœur. Il est je ne sais où.
        Il est devenu fou.
Donnez des coups de pied pour voir dessous les pierres.
Cherchez dans les buis bleus et les genévriers,
et dans le ravin rouge empli d'azur brûlant
où, dans la sécheresse, à midi, on entend
le vol des perdreaux gris braire sur les lavandes.

Le Poète s'assied sur une pierre auprès d'un houx. Au-dessus de sa tête un oiseau se pose sur un sorbier et lui dit :

Le petit bruit sec que tu entends et t'étonne :
c'est mon petit bec noir solide qui le fait

en craquant une graine de chanvre que j'ai trouvée,
en cherchant bien, dans une crotte de mulet.
Je suis un innocent, mais je suis un oiseau,
et sais que le Bon-Dieu, quand arrive l'automne,
détache de ses mains les graines qui sont bonnes.

LE POÈTE

Oh! Que c'est étonnant! C'est un oiseau qui parle...
Je ne connaissais pas les oiseaux des montagnes.
Mais, le plus drôle, c'est qu'il me parle en chantant.
Oh! qu'il a une bonne petite grosse tête...
Elle est en velours noir et son joli gilet
semble une vigne-vierge au déclin de l'Été.
Petit oiseau! Que tu es joli! Que tu es joli!
Tes yeux noirs sont deux grains de sauvage framboise.
Ton petit dos en boule est en couleur d'ardoise,
et comme s'il était le toit de ta maison...

L'OISEAU

J'ai été bien souffrant toute l'année dernière.
Un chasseur m'avait mis un grain de plomb sous l'aile.
De mon bec, j'écrasais sur une pierre humide
une feuille de menthe mêlée à l'argile.
Je l'appliquais sous l'aile et sur le sang caillé.
Tous les matins, quand me réveillait la rosée,
j'étirais doucement mon aile endolorie,
et je recommençais le petit traitement
du petit cataplasme à la feuille de menthe.
Maintenant je suis bien et je prie le Bon-Dieu.

LE POÈTE

As-tu vu le Bon-Dieu, quand tu volais aux cieux ?

L'OISEAU

Non. Le Bon-Dieu n'est pas en haut. Il est en bas.
Il habite la petite maison que tu vois
où il y a une fontaine et des œillets sauvages
et un chien qui s'endort aux mouches de l'étable.
Souvent, sur un sorbier, j'ai vu, en me perchant,
la bêche du Bon-Dieu qui luisait dans l'aurore
à côté de sa petite chèvre désobéissante
qui fait des milliers de petites crottes.
Dieu se lève au matin et se couche à la nuit
lorsque sourient et que se détrempent les roses.
Il sait tous les besoins qui sont au cœur des choses :
Lorsque l'herbe est trop sèche il y met de la pluie.
Il soigne l'aubergine, la courge et la laitue.
Il sème le bon grain dont il sait la vertu.
Son raisin parfumé chante, quand vient l'octobre,
dans ses tonnes usées aux couronnes d'osier.
Quand il parle, sa voix douce comme un baiser
fait que son chien se lève et secoue son collier.
Dieu est vieux, mais il se porte bien et conduit
sur les pelouses vertes des noires cimes alpestres
où les lapins battent du tambour pendant la nuit,
la brebis huileuse et la maigre chevrette.
Souvent, je l'ai suivi, le long des ravins gris,
appelé par ma sœur qui est sa flûte de buis.
Et, voltigeant sur le troupeau, de corme en corme,
je descendais parfois sur les croupes de laine
pour y piquer le grain qu'y déposait l'automne.

LE POÈTE

Oh! Mais! Tu es étonnant! Tu parles comme un homme...
Tu es aussi charmant que ces oiseaux ravis
dont les grands saints parlaient dans des livres d'images
où l'on voit le Bon Dieu à travers les nuages.
Tu n'as pas de maison, je veux dire de nid ?
Dis-moi, petit oiseau, où couches-tu, la nuit ?
Il n'y a par ici que des plantes pierreuses :
des chardons bleus qui sont piquants comme des houx,
des houx qui sont piquants comme des chardons bleus.
Quant à la lune, pour y coucher, c'est trop haut ?

L'OISEAU

J'ai dormi l'autre nuit sur des grappes de sorbes.
Je suis heureux. Je suis un petit oiseau sobre.
Quand il fait trop de vent, quand tombent dans les combes
du haut en bas, en dégringolant, des blocs d'ombre,
je me cache entre deux touffes de serpolet...
Mais quand le Printemps vient, je prends une femelle,
lorsque l'azur est rose et que le verger blanc.
Nous volons quelques jours ensemble, sans savoir
ce qui gonfle nos cœurs de graines et d'espoir.
Puis, pour faire leur nid aux œufs bleus qui vont naître,
ne trouvant pas pour eux de choses assez douces,
nous tapissons le cœur de la plus tendre mousse
avec le duvet clair tombé de nos caresses.

LE POÈTE

Moi aussi, dans le temps, j'avais une maîtresse
plus nue et plus jolie que n'est ce pays-ci.

Mon Dieu! Nous nous étions donnés tant de caresses
qu'un jour il aurait pu nous naître des œufs bleus
dans un nid de fougère ou entre deux racines...

L'OISEAU

Dans quel jardin vous retrouvez-vous au Printemps?

LE POÈTE

On ne se retrouve jamais quand on a été amants.

L'OISEAU

Ne vous appelez-vous plus dans la nuit claire, quand
les rossignols fleuris embaument les primevères,
et que le scarabée au cœur des roses pâles,
empêtré de pollen comme dans une pâte
sur son ventre en feu vert tricote avec ses pattes?

LE POÈTE

Non. Je te dis qu'elle est partie, et pour jamais...
Oiseau?... Dis-moi le nom de ta douce femelle
que tu retrouveras dans la jeune saison?

L'OISEAU

Les femmes des oiseaux, ami, n'ont pas de nom.
Je siffle et elle arrive. Elle est toujours pareille.
Elle aime les bourgeons des roses pluies d'avril,
les graines du lin bleu et la chair des abeilles.
Je la reconnais bien puisqu'elle reconnaît
la chanson qu'au Printemps je me mets à siffler.

LE POÈTE

Ne peut-elle confondre ? Oiseaux, n'avez-vous pas,
si vous êtes pareils, aussi la même voix ?

L'OISEAU

Je ne comprends pas bien ce que tu veux me dire.

LE POÈTE

Ne peut-elle accourir au chant de tes pareils,
ne peux-tu accourir au chant de ses pareilles ?

L'OISEAU

Je n'ai jamais pensé que nous ne fussions seuls.
L'une est pareille à l'autre. C'est donc toujours la même,
lorsque vient le Printemps, la même que l'on aime
dans le parfum sucré et tiède des tilleuls.

LE POÈTE

Celle de l'an passé ne peut-elle être morte ?
N'a-t-elle pu tomber avec les vents d'Automne ?

L'OISEAU

Jamais ne meurt pour nous l'oiselle que l'on aime,
puisque revient toujours le Printemps avec elle,
puisque l'amour revient toujours à notre appel.
Si elle avait un nom, ce ne serait pas elle :
elle ne viendrait pas et serait moins fidèle.

O doux petit oiseau ! Je sens que tu as raison.
Que j'aurais moins souffert, si n'ayant pas de nom,
celle que j'adorai ne se fût pas nommée.
Elle fut arrivée à chaque mois de mai,
aussi belle qu'avant, plus jeune d'une année.
Je comprends que le mal, ô cher petit oiseau,
qui as l'œil rond et la tête en m'écoutant penchée,
je comprends que le mal, c'est que l'on veut connaître,
quand on l'aime beaucoup, le nom de sa maîtresse.

L'oiseau s'envole.

Scène deuxième

Le poète marche dans un beau site où il y a des hêtres, des sapins, des torrents, des rochers.

L'azur qui remplit chaque vide est taillé comme une pierre précieuse par chaque dent de rocher, par chaque rameau.

Le poète entend une petite note grêle et continue.

Il aperçoit, à la cime d'un sapin, son ami de l'autre jour.

L'OISEAU

T i i i i i i i i i i i i i i i i i i i i i i i i i i i i i i i i i i i i i i

LE POÈTE

Tu es un innocent. Personne ne t'écoute.
Pour qui donc chantes-tu, ô petit point vivant
qui tends vers l'infini ta douce gorge rouge ?

L'OISEAU

Je chantais pour moi seul, mais, puisque tu m'entends,
on peut dire aussi bien que je chante pour toi.
C'est comme la fraîcheur des torrents noirs des bois :

Pour qui est-elle ? Elle est pour celui qui la boit.
Et la couleur du ciel ? Pour celui qui la voit.
C'est pour celui qui entend ma voix qu'est ma voix.

LE POÈTE

O oiseau ! Tu es pareil aux Sages de la Grèce
que l'on dessine en pierre au bas des monuments.
Ils ont un doigt levé et un pied en avant
pour apprendre aux Mortels la divine Sagesse.
Leur nez est très railleur et leur barbe frisée
se recourbe, et le bras qui leur reste est posé,
comme sur un bâton, sur quelque jeune élève.

L'OISEAU

... Peut-être parles-tu de ces nids d'hirondelles
qu'on eut soin de creuser dans la pierre pour elles.
Elles m'ont dit cela, et qu'elles y nichaient
et que les citadins, toujours pleins de bonté,
nettoient, quand vient l'Hiver, les Sages de la Grèce,
pour qu'au Printemps suivant reniche l'hirondelle.

LE POÈTE

Mais quelle vanité ! Ce n'est point fait pour elles,
mais seulement pour ceux qu'une gloire immortelle
investit, et ces nids ne sont que des musées,
ou les têtes de ceux que l'on y a sculptés.

L'OISEAU

... Mais ne t'ai-je pas dit, tout à l'heure, poète,
qu'une chose est cela qui n'est pas autre chose.

Si on la fait un nid, ce n'est plus une rose,
si on la fait un nid, ce n'est plus une tête,
fût-elle cent fois plus d'un Sage de la Grèce.

LE POÈTE

Petit oiseau chéri, tu es plein de Sagesse,
et je ne croyais pas vraiment qu'il existât
d'oiseau qui pût parler comme tu parles, toi.
Si j'eusse été Satrape en des villes de Perse,
j'aurais capitonné ta cage en vieille perse.
Un millet blanc, choisi par mille vierges nues,
parfumé par leurs seins et leurs jeunes haleines
eût été le repas qui t'eût été bien dû.
A mon Conseil royal, je t'eusse convié
sous des fleurs de pêcher qui t'auraient protégé
du soleil trop ardent de ces Contrées lointaines.

L'OISEAU

Laisse-moi ma montagne. Elle n'est pas la Perse,
et je n'ai pas besoin de vierges nues persanes
pour cueillir mon millet.
Mes panetiers, ce sont les jolis petits ânes
qui, du bout du sabot, en buttant sur les pierres,
découvrent les petits vers.

Et s'il faut dire tout, je te trouve un peu bête,
comme le sont, d'ailleurs, presque tous les poètes
qui sont les inventeurs de ce qu'on a trouvé.
Ils parlent du parfum bleuâtre des lavandes
sans songer qu'un lapin, la queue en l'air, le mange,
et le connaît bien mieux que s'il nous en parlait.

Le Conseil de tes Palais,
en Perse ou dans l'Hindoustan,
c'est pour nous le clair Printemps
qui nous invite à aimer.

C'est l'argentée roche noire
qui, puisqu'elle suinte d'eau,
nous dit que l'on peut y boire
sans danger pour un oiseau.

C'est le sol plein de brindilles
de la maison du Bon-Dieu,
à l'heure où les moissonneurs
vont dormir aux métairies.

C'est, quand arrive l'Hiver,
de déserter les alpilles
où les buis couverts de neige
rougissent comme des filles.

Et le voici qui arrive,
l'Hiver qui nous fait maigrir,
Les pauvres vont en mourir
sous les porches des églises.

On nous verra tout gonflés,
et les plumes hérissées,
et nous tenant sur un pied
sur des barrières gelées...

Adieu... Quand te reverrai-je ?

Scène troisième

L'hiver. Non loin d'un village de la montagne. La neige. Le ciel gris brille. Le poète entend de petits cris sortir de sous une racine. Il regarde et voit une jolie rose qu'il veut cueillir à l'endroit où ça crie.

Cette rose, c'est l'oiseau son ami qui parlait si bien sur la montagne et qui est blessé. Il le ramasse.

Une grande douleur serre le cœur du poète. Une haine terrible vers ce je ne sais quoi qui fait souffrir fait trembler sa main.

Il considère l'oiseau qui palpite, puis les montagnes. Ces montagnes sont à genoux sur la terre, graves comme des veuves qui prient, bonnes comme des chiens qui veillent sur des troupeaux. L'oiseau se ranime un peu. Il reconnaît le poète et lui dit :

J'ai reçu un coup de fusil. Oui... Là-bas.
Je m'étais égaré dans la neige, ayant faim,
le corps en boule et sautillant sur une patte.
Je m'étais approché de là, guettant la miette
que laisserait tomber une petite fille
qui mangeait un croûton de pain près de son père
qui la tenait sur lui, la joue contre la joue,
dans le triste jardin où les buis et les choux
sont maintenant couverts de verglas et de neige.
J'étais perché sur le grenadier qui, l'Été,

dort sous ses fleurs de sang et ses feuilles luisantes.
Eux, le père et la fille, ils se tenaient assis
derrière les branchages secs de la charmille.
Je savais qu'ils sont bons, car ils donnent aux pauvres
qui passent sur la route en raclant la poussière
et en montrant les dents aux ronces et aux pierres.
Je savais qu'ils sont bons. Je me suis approché.
Le père a fait un mouvement. Et la petite
a dit : Papa ? regarde ? Il est là tout joli...

Il a tiré sur moi. J'ai senti de la nuit
qui bourdonnait autour de moi et qui éclatait.
... Et je ne sais comment j'ai pu m'enfuir ici.
Je souffre. Mon cœur d'oiseau bat à rompre mes [plumes.
Ma patte se roidit et la montagne tourne.

LE POÈTE

O mon petit oiseau ! Je voudrais te guérir...

L'OISEAU

Le verglas a coupé le cœur bleu des lavandes.

LE POÈTE

L'argile est morte au fond des glaces du torrent.

L'OISEAU

La charpie du charbon est enfuie dans le vent.

LE POÈTE

L'eau ne murmure plus sous les baisers des menthes.

L'OISEAU

Le Bon-Dieu va mourir dans le grenier où il vente.

LE POÈTE

Sois calme. Laisse-moi, doucement, sur ta tête
passer ma lèvre douce ainsi qu'une buée.
C'est horrible de voir ton œil brillant s'ouvrir
de peur et se méfier... Tu ne vas pas mourir...
Tu voleras encore sur les composées bleues;
ton vol effleurera tes sœurs, les campanules.
Dans la brumeuse nuit tu reverras les feux
des pâtres agrandis près des buissons de houx,
qui appellent dans la nuit et qui chassent les loups.
... Petit, console-toi, tu ne vas pas mourir...

L'OISEAU

Mourir est-il mauvais, si ce n'est pas souffrir ?
Pourquoi ne veux-tu pas, mon ami, que je meure ?
Ne vois-tu pas tranquillement mourir les fleurs ?
Vivre dans la montagne ou vivre dans la mort,
n'est-ce la même chose et le même pays ?
Lorsque dans un ruisseau, pris dans un tourbillon,
mon cadavre sera comme une feuille morte :
Ne continuera-t-il de fleurir le cytise ?
Ne continuera-t-il de sauter le criquet ?
Ne continuera-t-il de fructifier l'alise ?

Ne continuera-t-il de pleurer le rocher ?
Ne continuera-t-il de chanter ma femelle
perchée sur le duvet de mousse des œufs bleus ?
Et d'être mort vivant serai-je moins heureux ?

LE POÈTE

O oiseau bien aimé, ne plus voir la nature
me serait trop cruel pour chanter comme toi.

L'OISEAU

Je ne comprends pas bien ce qu'on ne peut pas voir.
Je n'ai pas été mort. Alors, je ne sais pas.
Je ne sais pas non plus comment sont les montagnes
où je n'allai jamais, ni comment on y va.
Mais je sais qu'on est mort quand on ne bouge plus...
Ta main... Ouvre ta main ?... Je vais être bien sage...

Le poète regarde en pleurant l'oiseau mort dont les pattes ne sont plus roides.

Octobre 1899.

Poésies diverses

Madame de Warens

Madame de Warens, vous regardiez l'orage
plisser les arbres obscurs des tristes *Charmettes*,
ou bien vous jouiez aigrement de l'épinette,
ô femme de raison que sermonnait Jean-Jacques!

C'était un soir pareil, peut-être, à celui-ci...
Par le tonnerre noir le ciel était flétri...
Une odeur de rameaux coupés avant la pluie
s'élevait tristement des bordures de buis...

Et je revois, boudeur, dans son petit habit,
à vos genoux, l'enfant poète et philosophe...
Mais qu'avait-il ?... Pourquoi pleurant aux couchants [roses
regardait-il se balancer les nids de pies ?

Oh! qu'il vous supplia, souvent, du fond de l'âme,
de mettre un frein aux dépenses exagérées
que vous faisiez avec cette légèreté
qui est, hélas, le fait de la plupart des femmes...

Mais vous, spirituelle, autant que douce et tendre,
vous lui disiez : Voyez! le petit philosophe!...
Ou bien le poursuiviez de quelque drogue rose
dont vous lui poudriez la perruque en riant.

Doux asiles! Douces années! Douces retraites!
Les sifflets d'aulne frais criaient parmi les hêtres...
Le chèvrefeuille jaune encadrait la fenêtre...
On recevait parfois la visite d'un prêtre...

Madame de Warens, vous aviez du goût
pour cet enfant à la figure un peu espiègle,
manquant de repartie, mais peu sot, et surtout
habile à copier la musique selon les règles.

Ah! que vous eussiez dû pleurer, femme inconstante,
lorsque, le délaissant, il dut s'en retourner,
seul, là-bas, avec son pauvre petit paquet
sur l'épaule, à travers les sapins des torrents...

Guadalupe de Alcaraz

Guadalupe de Alcaraz a des mitaines d'or,
des fleurs de grenadier suspendues aux oreilles
et deux accroche-cœur pareils à deux énormes
cédilles plaqués sur son front lisse de vierge.

Ses yeux sont dilatés comme par quelque drogue
(on dit qu'on employait jadis la belladone);
ils sont passionnés, étonnés et curieux,
et leurs prunelles noires roulent dans du blanc-bleu.

Le nez est courbe et court comme le bec des cailles.
Elle est dure, dorée, ronde comme une grenade.
Elle s'appelle aussi Rosita-Maria,
mais elle appelle sa duègne : carogna!

Toute la journée elle mange du chocolat,
ou bien elle se dispute avec sa perruche
dans un jardin de la Vallée d'Alméria
plein de ciboules bleues, de poivriers et de ruches.

★

Lorsque Guadalupe qui a dix-sept ans
en aura quatre-vingts, elle s'en ira souvent
dans le jardin aux forts parfums, aux fleurs gluantes,
jouer de la guitare avec de petits gants.

Elle aura le nez crochu et le menton croche,
les yeux troubles des vieux enfants, la maigreur courbe,
et une chaîne d'or à longues émeraudes
qui, roide, tombera de son col de vautour.

D'un martinet géant et qui sera sa canne,
elle battra les chats, les enfants et les mouches.
Pour ne pas répondre, elle serrera la bouche.
Elle aura sur la lèvre une moustache rase.

Elle aura dans sa chambre une vierge sous globe,
gantée de blanc, avec de l'argent sur la robe.
Cette vierge de cire sera sa patronne,
c'est-à-dire Notre-Dame-de-Guadalupe.

Lorsque Guadalupe de Alcaraz mourra,
de gros hidalgos pareils à des perroquets
prieront devant ses pieds minces et parallèles,
en ayant l'air d'ouvrir et de fermer les ailes.

J'ai vu revenir les choses...

J'ai vu revenir les choses de l'année dernière :
l'orage, le printemps et les lilas flétris,
et j'ai bu du vin blanc dans le noir presbytère.
Et mon âme est toujours terrible, douce et triste.

Pourquoi mon cœur n'a-t-il pas toujours été seul ?...
Je n'aurais pas ce vide affreux au fond de moi :
et, prêtre paysan, j'aurais orné les croix
de coquelourdes, de fenouil et de glaïeuls.

Notre vie extérieure eût été peu changée,
ô mère... qui aurais porté dans le jardin
le reflet aveuglant de l'eau pour arroser
les terreaux granuleux d'ombre bleue du matin.

... Plus rien. Je veux dormir à l'ombre de la lampe,
le front contre les poings et les poings sur la table,
bercé par ce continuel bourdonnement
qu'entendent ceux qui n'entendent pas d'autre voix.

Ils m'ont dit...

Ils m'ont dit : « Il faut chanter la vie à outrance! »
... Parlaient-ils des ménétriers ou des noix rances ?
ou des bœufs clairs dressés hersant avant l'orage ?
ou de la tristesse du coucou dans les feuillages ?

— « Pas de pitié! Pas de pitié! » me disaient-ils.
... J'ai mis un hérisson blessé par un gamin
dans mon vieux pardessus et puis dans un jardin,
sans m'inquiéter davantage de leurs théories.

Je fais ce qui me fait plaisir, et ça m'ennuie
de penser pourquoi. Je me laisse aller simplement
comme dans le courant une tige de menthe.
J'ai demandé à un ami : Mais qui est Nietzsche ?

Il m'a dit : « C'est la philosophie des surhommes. »
— Et j'ai immédiatement pensé aux sureaux
dont le tiède parfum sucre le bord des eaux
et dont les ombres tout doucement dansent, flottent.

Ils m'ont dit : « Pourrais-tu objectiver davantage ? »
J'ai répondu : « Oui... peut-être... Je ne sais pas si je sais. »
Ils sont restés rêveurs devant tant d'ignorance,
et moi je m'étonnais de leur grande science.

Amsterdam

A Emile van Mons.

Les maisons pointues ont l'air de pencher. On dirait
qu'elles tombent. Les mâts des vaisseaux qui s'embrouil-
[lent
dans le ciel sont penchés comme des branches sèches
au milieu de verdure, de rouge, de rouille,
de harengs saurs, de peaux de moutons et de houille.

Robinson Crusoë passa par Amsterdam,
(je crois, du moins, qu'il y passa), en revenant
de l'île ombreuse et verte aux noix de coco fraîches.
Quelle émotion il dut avoir quand il vit luire
les portes énormes, aux lourds marteaux, de cette ville!...

Regardait-il curieusement les entresols
où les commis écrivent des livres de comptes?
Eut-il envie de pleurer en resongeant
à son cher perroquet, à son lourd parasol
qui l'abritait dans l'île attristée et clémente?

« O Éternel! soyez béni », s'écriait-il
devant les coffres peinturlurés de tulipes.
Mais son cœur attristé par la joie du retour
regrettait son chevreau qui, aux vignes de l'île,
était resté tout seul et, peut-être, était mort.

Et j'ai pensé à ça devant les gros commerces
où l'on songe à des Juifs qui touchent des balances,
avec des doigts osseux noués de bagues vertes.
Vois! Amsterdam s'endort sous les cils de la neige
dans un parfum de brume et de charbon amer.

Hier soir les globes blancs des bouges allumés,
d'où l'on entend l'appel sifflé des femmes lourdes,
pendaient comme des fruits ressemblant à des gourdes.
Bleues, rouges, vertes, les affiches y luisaient.
L'amer picotement de la bière sucrée
m'y a râpé la langue et démangé au nez.

Et, dans les quartiers juifs où sont les détritus,
on sentait l'odeur crue et froide du poisson.
Sur les pavés gluants étaient des peaux d'orange.
Une tête bouffie ouvrait des yeux tout larges,
un bras qui discutait agitait des oignons.

Rebecca, vous vendiez à de petites tables
quelques bonbons suants arrangés pauvrement...

On eût dit que le ciel, ainsi qu'une mer sale,
versât dans les canaux des nuages de vagues.
Fumée qu'on ne voit pas, le calme commercial

montait des toits cossus en nappes imposantes,
et l'on respirait l'Inde au confort des maisons.

Ah! j'aurais voulu être un grand négociant,
de ceux qui autrefois s'en allaient d'Amsterdam
vers la Chine, confiant l'administration
de leur maison à de fidèles mandataires.
Ainsi que Robinson j'aurais devant notaire
signé pompeusement ma procuration.

Alors, ma probité aurait fait ma fortune.
Mon négoce eût fleuri comme un rayon de lune
sur l'imposante proue de mon vaisseau bombé.
J'aurais reçu chez moi les seigneurs de Bombay
qu'eût tentés mon épouse à la belle santé.

Un nègre aux anneaux d'or fût venu du Mogol
trafiquer, souriant, sous son grand parasol!
Il aurait enchanté de ses récits sauvages
ma mince fille aînée, à qui il eût offert
une robe en rubis filé par des esclaves.

J'aurais fait faire les portraits de ma famille
par quelque habile peintre au sort infortuné :
ma femme belle et lourde, aux blondes joues rosées,
mes fils, dont la beauté aurait charmé la ville,
et la grâce diverse et pure de mes filles.

C'est ainsi qu'aujourd'hui, au lieu d'être moi-même,
j'aurais été un autre et j'aurais visité
l'imposante maison de ces siècles passés,
et que, rêveur, j'eusse laissé flotter mon âme
devant ces simples mots : là vécut Francis Jammes.

Bruges

A Thomas Braun.

Bruges tu me rappelles les reliques
que l'on me faisait, quand j'étais enfant,
avec deux clairs morceaux de vitre
et de frais pétales de roses dedans.

Dans l'estaminet, de tristes jeunes gens
fumaient, dès le matin, par ce dimanche,
où ils avaient, dans une chambre,
fondé un club de lettres et de sciences.

Et l'un disait : Voici un livre rare,
mais nous ne savons pas ce que c'est.
L'autre disait : cette figure de femme
dans le canal a été ramassée.

On y vendait beaucoup de comestibles,
des poissons qui nageaient morts dans l'oignon,

et, sèches comme des fouets, des anguilles
et aussi des espèces d'esturgeons.

Les carillons sonnaient comme des verres
qui tomberaient l'un après l'autre
et, près du béguinage propre et sévère,
il n'y avait que la mort noire et blanche de l'eau.

Et je longeais les maisons, pareilles
à des découpures très vertes,
une à une à une, vertes
comme des bateaux et des treilles.

Quatorze prières

I

Prière pour que les autres aient le bonheur

Mon Dieu, puisque le monde fait si bien son devoir,
puisqu'au marché les vieux chevaux aux genoux lourds
et les bœufs inclinés se rendent tendrement :
bénissez la campagne et tous ses habitants.
Vous savez qu'étendus jusqu'à l'horizon bleu,
entre les bois luisants et le gave coureur,
sont des blés, des maïs et des vignes tordues.
Tout ça est là comme un grand océan de bonté
où tombent la lumière et la sérénité
et, de sentir leur sève au soleil clair de joie,
les feuilles chantent en remuant dans les bois.
Mon Dieu, puisque mon cœur, gonflé comme une grappe,
veut éclater d'amour et crève de douleur :
si c'est utile, mon Dieu, laissez souffrir mon cœur...
Mais que, sur le coteau, les vignes innocentes
mûrissent doucement sous votre Toute-Puissance.

Donnez à tous tout le bonheur que je n'ai pas,
et que les amoureux qui vont se parler bas
dans la rumeur des chars, des bêtes et des ventes,

se boivent des baisers, la hanche sur la hanche.
Que les bons chiens paysans, dans un coin de l'auberge,
trouvent la soupe bonne et s'endorment au frais,
et que les longs troupeaux des chèvres traînassantes
broutent le verjus clair aux vrilles transparentes.
Mon Dieu, voici : négligez-moi si vous voulez...
Mais... merci... Car j'entends, sous le ciel de bonté,
ces oiseaux qui devraient mourir dans cette cage,
chanter de joie, mon Dieu, comme une pluie d'orage.

II

Prière pour demander une étoile

O mon Dieu, laissez-moi aller prendre une étoile :
peut-être que ça calmera mon cœur malade...
Mais vous ne voulez pas que je prenne une étoile,
vous ne le voulez pas et vous ne voulez pas
que le bonheur me vienne un peu dans cette vie.
Voyez : je ne veux pas me plaindre et je me tais
dans moi-même, sans fiel aucun ni raillerie,
comme un oiseau en sang caché entre deux pierres.
Oh ! Dites-moi si cette étoile c'est la mort ?...
Alors, donnez-la-moi, comme on donne un sou d'or
à un pauvre qui a faim assis près d'un fossé ?
Mon Dieu, je suis pareil aux ânes aux pas cassés...
Ce que vous nous donnez, quand vous le retirez,
c'est terrible, et l'on sent alors dedans son cœur
passer comme du vent terrible qui fait peur.
Que faut-il pour guérir ? Mon Dieu, le savez-vous ?
Souvenez-vous, mon Dieu, que je portais du houx
lorsque j'étais enfant auprès de votre crèche
où ma mère arrangeait doucement les bobèches.
Ne pouvez-vous me rendre un peu ce que j'ai fait
et, si vous croyez que ça peut guérir mon cœur malade,
ne pouvez-vous, mon Dieu, me donner une étoile,
puisque j'en ai besoin pour la mettre ce soir
sur mon cœur qui est froid, qui est vide et qui est noir ?

III

Prière pour qu'un enfant ne meure pas

Mon Dieu, conservez-leur ce tout petit enfant,
comme vous conservez une herbe dans le vent.
Qu'est-ce que ça vous fait, puisque la mère pleure,
de ne pas le faire mourir là, tout à l'heure,
comme une chose que l'on ne peut éviter ?
Si vous le laissez vivre, il s'en ira jeter
des roses, l'an prochain, dans la Fête-Dieu claire ?
Mais vous êtes trop bon. Ce n'est pas vous, mon Dieu,
qui, sur les joues en roses, posez la mort bleue,
à moins que vous n'ayez de beaux endroits où mettre
auprès de leurs mamans leurs fils à la fenêtre ?
Mais pourquoi pas ici ? Ah! Puisque l'heure sonne,
rappelez-vous, mon Dieu, devant l'enfant qui meurt,
que vous vivez toujours auprès de votre Mère.

IV

Prière pour avoir la foi dans la forêt

Je n'espère plus rien, mon Dieu, je me résigne.
Je me laisse aller comme la courbe des collines.
Je sens la nuit sur moi comme elle est sur les champs,
quand le soleil s'éteint, le soir, comme une lampe.
Je ne vois plus en moi. Je suis comme le soir
qui fait qu'on ne voit plus les faneuses d'azur
à travers la prairie des pensées de mon âme.
Je voudrais être pareil au joli matin
où, dans la rosée rose, se peignent les lapins.
Je n'espère plus rien, mon Dieu, que le malheur,
et cela me rend doux comme l'agriculteur
qui suit patiemment la herse qui tressaute,
derrière, et au milieu des bœufs à cornes hautes.
Je suis abruti, mais c'est avec une grande douceur
que, du haut du coteau, dans la grande chaleur,
je regarde les bois luisants et noirs s'étendre
comme de grands morceaux de feuilles de silence.
Mon Dieu, peut-être que je croirais à vous davantage
si vous m'enleviez du cœur ce que j'y ai,
et qui ressemble à du ciel roux avant l'orage.

Peut-être, mon Dieu, que si vous me conduisiez
dans une chapelle bâtie au haut d'un arbre,
j'y trouverais la foi solide comme du marbre.
Les geais d'azur feraient un ciel qui chanterait
dans la chaleur glacée de la grande forêt,
et ils boiraient dans la fraîcheur du bénitier.
Une petite cloche annoncerait, le soir,
un office, et un autre à l'heure des mésanges.
Dans cette église, il n'y aurait pas de jeunes femmes,
mais seulement des vieux, des enfants et des anges.
On y serait au ciel, puisque c'est sur des branches.
On n'y saurait plus rien, n'y penserait à rien...
Mais seulement, la nuit, quelquefois, le vieux chien
découvrirait le bon voyageur égaré.

O mon Dieu donnez-moi la foi dans la forêt ?

V

Prière pour être simple

Les papillons obéissent à tous les souffles,
comme des pétales de fleurs jetés vers vous,
aux processions, par les petits enfants doux.
Mon Dieu, c'est le matin, et, déjà, la prière
monte vers vous avec des papillons fleuris,
le cri du coq et le choc des casseurs de pierres.
Sous les platanes dont les palmes vertes luisent,
dans ce mois de juillet où la terre se craquèle,
on entend, sans les voir, les cigales grinçantes
chanter assidûment votre Toute-Puissance.
Le merle inquiet, dans les noirs feuillages des eaux,
essaie de siffler un peu longtemps, mais n'ose.
Il ne sait ce qu'il y a qui l'ennuie. Il se pose
et s'envole tout à coup en filant d'un seul trait,
à ras de terre, et du côté où l'on n'est pas.

Mon Dieu, tout doucement, aujourd'hui, recommence
la vie, comme hier et comme tant de fois.
Comme ces papillons, comme ces travailleurs,
comme ces cigales mangeuses de soleil,
et ces merles cachés dans le froid noir des feuilles,
laissez-moi, ô mon Dieu, continuer la vie
d'une façon aussi simple qu'il est possible.

VI

Prière pour aimer la douleur

Je n'ai que ma douleur et je ne veux plus qu'elle.
Elle m'a été, elle m'est encore fidèle.
Pourquoi lui en voudrais-je, puisqu'aux heures
où mon âme broyait le dessous de mon cœur,
elle se trouvait là assise à mon côté ?
O douleur, j'ai fini, vois, par te respecter,
car je suis sûr que tu ne me quitteras jamais.
Ah! Je le reconnais : tu es belle à force d'être.
Tu es pareille à ceux qui jamais ne quittèrent
le triste coin de feu de mon cœur pauvre et noir.
O ma douleur, tu es mieux qu'une bien aimée :
car je sais que le jour où j'agoniserai,
tu seras là, couchée dans mes draps, ô douleur,
pour essayer de m'entrer encore dans le cœur.

VII

Prière pour que le jour de ma mort soit beau et pur

Mon Dieu, faites que le jour de ma mort soit beau et pur.
Qu'il soit d'une grande paix ce jour où mes scrupules
littéraires ou autres, et l'ironie de la vie quitteront,
peut-être, la grande fatigue de mon front.
Ce n'est point comme ceux qui en font une pose
que je désire la mort, mais très très simplement,
ainsi qu'une poupée une petite enfant.
Vous savez, ô mon Dieu, qu'il y a quelque chose
qui manque à ce qu'on appelle le bonheur,
et qu'il n'existe point, et qu'il n'est pas de gloire
complète, ni d'amour, ni de fleur sans défaut,
et qu'à ce qui est blanc il y a toujours du noir...

Mais faites, ô mon Dieu, qu'il soit beau, qu'il soit pur,
le jour où je voudrais, poète pacifique,
voir autour de mon lit des enfants magnifiques,
des fils aux yeux de nuit, des filles aux yeux d'azur...
Qu'ils viennent, sans un pleur, considérer leur père,
et que la gravité qui sera sur ma face

les fasse frissonner d'un large et doux mystère
où ma mort leur apparaîtra comme une grâce.

Que se disent mes fils : La gloire est vaine et laisse
de l'inquiétude à ceux qui savent que Dieu seul
est poète en posant le parfum des tilleuls
aux lèvres doucement fraîches des fiancées.
Que se disent mes fils : L'amour c'est l'ironie
qui sépare les êtres alors qu'ils sont unis :
le cœur de notre père a souffert jusqu'encore
d'avoir quitté le cœur de sa chère Mamore...

Et que mes filles se disent à mon lit de mort :
Nous ne savons ce qui est au-delà du tombeau,
mais notre père meurt comme coule de l'eau
dans la belle clarté d'une forêt d'Automne...

Mon Dieu, faites que le jour de ma mort soit beau et pur,
que je prenne les mains de mes enfants dans les miennes
comme le bon laboureur des fables de La Fontaine,
et que je meure dans un grand calme du cœur.

VIII

Prière pour aller au paradis avec les ânes

Lorsqu'il faudra aller vers vous, ô mon Dieu, faites
que ce soit par un jour où la campagne en fête
poudroiera. Je désire, ainsi que je fis ici-bas,
choisir un chemin pour aller, comme il me plaira,
au Paradis, où sont en plein jour les étoiles.
Je prendrai mon bâton et sur la grande route
j'irai, et je dirai aux ânes, mes amis :
Je suis Francis Jammes et je vais au Paradis,
car il n'y a pas d'enfer au pays du Bon-Dieu.
Je leur dirai : Venez, doux amis du ciel bleu,
pauvres bêtes chéries qui, d'un brusque mouvement
[d'oreille,
chassez les mouches plates, les coups et les abeilles...

Que je vous apparaisse au milieu de ces bêtes
que j'aime tant parce qu'elles baissent la tête
doucement, et s'arrêtent en joignant leurs petits pieds
d'une façon bien douce et qui vous fait pitié.
J'arriverai suivi de leurs milliers d'oreilles,

suivi de ceux qui portèrent au flanc des corbeilles,
de ceux traînant des voitures de saltimbanques
ou des voitures de plumeaux et de fer-blanc,
de ceux qui ont au dos des bidons bossués,
des ânesses pleines comme des outres, aux pas cassés,
de ceux à qui l'on met de petits pantalons
à cause des plaies bleues et suintantes que font
les mouches entêtées qui s'y groupent en ronds.
Mon Dieu, faites qu'avec ces ânes je vous vienne.
Faites que dans la paix, des anges nous conduisent
vers des ruisseaux touffus où tremblent des cerises
lisses comme la chair qui rit des jeunes filles,
et faites que, penché dans ce séjour des âmes,
sur vos divines eaux, je sois pareil aux ânes
qui mireront leur humble et douce pauvreté
à la limpidité de l'amour éternel.

IX

Prière pour louer Dieu

La torpeur de midi. Une cigale éclate
dans le pin. Le figuier seul semble épais et frais
dans le brasillement de l'azur écarlate.
Je suis seul avec vous, mon Dieu, car tout se tait
sous les jardins profonds, tristes et villageois.
Les noirs poiriers luisants, à forme d'encensoir,
dorment au long des buis qui courent en guirlandes
auprès des graviers blancs comme de Saintes-Tables.
Quelques humbles labiées donnent une odeur sainte
à celui qui médite assis près des ricins.
Mon Dieu, j'aurais, jadis, ici, rêvé d'amour,
mais l'amour ne bat plus dans mon sang inutile,
et c'est en vain qu'un banc de bois noir démoli
demeure là parmi les feuillages des lys.
Je n'y mènerai pas d'amie tendre et heureuse
pour reposer mon front sur son épaule creuse.
Il ne me reste plus, mon Dieu, que la douleur
et la persuasion que je ne suis rien
que l'écho inconscient de mon âme légère
comme une effeuillaison de grappe de bruyère.
J'ai lu et j'ai souri. J'ai écrit, j'ai souri.
J'ai pensé, j'ai souri, pleuré et j'ai aussi

souri, sachant le monde impossible au bonheur,
et j'ai pleuré parfois quand j'ai voulu sourire.

Mon Dieu, calmez mon cœur, calmez mon pauvre cœur,
et faites qu'en ce jour d'été où la torpeur
s'étend comme de l'eau sur les choses égales,
j'aie le courage encore, comme cette cigale
dont éclate le cri dans le sommeil du pin,
de vous louer, mon Dieu, modestement et bien.

X

Prière pour se recueillir

Mon Dieu, je viens à vous dans le recueillement.
Pacification. Pacification.
Je veux, près des ruisseaux, au fond des bois dormants,
Vivre dans la douceur des contemplations.

Mon Dieu, ayant chassé de mon cœur les scrupules
littéraires et autres, faites que je m'oublie
et que je sois pareil à une humble fourmi
qui creuse sagement un trou dans le talus.

Il faut, pour être heureux, bien s'oublier soi-même :
car nous ne sommes rien et le monde est taré.
Ce n'est point nous, mais Dieu, qui murmurons : je
[t'aime,
quand notre amour s'endort douce et entrelacée.

Je ne porterai point de corde autour des reins :
car c'est insulter Dieu que de meurtrir la chair.
Amant des prostituées et des fiancées claires,
mon cœur chante à la femme un angelus sans fin.

Je n'admirerai point celles aux fauves bures,
car c'est nous voiler Dieu que voiler la beauté :
mais je veux que la vierge aux seins dressés et durs
fleurisse comme un lys à l'azur fiancé.

Mon Dieu, je vais me recueillir. Je veux entendre,
la neige des agneaux marcher sur les gazons,
et respirer dans les ornières de Septembre
le parfum de l'amour des dernières saisons.

Je reviendrai ici sans orgueil, l'âme égale,
l'esprit simplifié de méditations,
et ne désirant plus que de l'eau et du pain,
et parfois le cri sec d'une pauvre cigale.

XI

Prière pour avoir une femme simple

Mon Dieu, faites que celle qui pourra être ma femme
soit humble et douce et devienne ma tendre amie;
que nous nous endormions en nous tenant la main;
qu'elle porte au cou, un peu cachée entre les seins,
une chaîne d'argent qui a une médaille;
que sa chair soit plus lisse et plus tiède et dorée
que la prune qui dort au déclin de l'été;
qu'elle garde en son cœur la douce chasteté
qui fait qu'en enlaçant on sourit et se tait;
qu'elle devienne forte et sur mon âme veille
comme sur le sommeil d'une fleur une abeille;
et que le jour où je mourrai elle me ferme
les yeux, et ne me donne point d'autre prière
que de s'agenouiller, les doigts joints sur ma couche,
avec ce gonflement de douleur qui étouffe.

XII

Prière pour offrir à Dieu de simples paroles

Pareil à cet ouvrier que j'ai vu ce matin,
soucieux et courbé dans la pure lumière,
et qui sculptait des saints tout autour d'une chaire,
je veux mouler mon âme à de pieux desseins.
Il m'appela auprès de son humble établi,
et je considérai les images de bois :
la tête du lion aux pieds de Marc, et l'aigle
aux pieds de Jean, et Luc qui tenait dans ses doigts
un livre ouvert où devaient être de saintes règles.
Une main de l'ouvrier tremblait sur le ciseau ;
l'autre, levée, tenait, hésitante, un marteau.
Là-bas, le midi bleu dansait sur les ardoises.
D'un basilic flétri montait un pieux encens
vers les saints grossiers aux figures chinoises.
On eût dit qu'à travers la chaire villageoise
une sève rapide à jamais circulât
comme l'âme des nids dans les âmes des bois.

Mon Dieu, je n'ai point fait d'œuvre si belle et sainte.
Vous n'avez pas voulu, hélas, me faire naître

dans un pauvre logis, près de l'humble fenêtre
où danse une chandelle au soir des vitres vertes,
et où les rabots clairs chantent dès le matin.
Mon Dieu, j'aurais pour vous travaillé des images,
et les tendres enfants, au retour de l'école,
se seraient extasiés devant les rois mages
qui auraient apporté l'encens, l'ivoire et l'or.
J'aurais représenté, près de ces rois d'Orient,
une fumée en bois comme celle d'encens,
et j'aurais copié des calices de lys
pareils, humbles et beaux, à des verres de pauvres.

Mon Dieu, puisque je regrette encore aujourd'hui
que mon cœur ne soit pas assez simple pour vous,
laissez-moi vous offrir ces paroles bien simples
à défaut d'une chaire où la Vierge douce
aurait prié pour moi, le soir et le matin.

XIII

Prière pour avouer son ignorance

Redescends, redescends dans ta simplicité.
Je viens de voir les guêpes travailler dans le sable.
Fais comme elles, ô mon cœur malade et tendre : sois
[sage,
accomplis ton devoir comme Dieu l'a dicté.
J'étais plein d'un orgueil qui empoisonnait ma vie.
Je croyais que j'étais bien différent des autres :
mais je sais maintenant, mon Dieu, que je ne fis
que récrire les mots qu'ont inventés les hommes
depuis qu'Adam et Ève au fond du Paradis
surgirent sous les fruits énormes de lumière.
Mon Dieu, je suis pareil à la plus humble pierre.
Voyez : l'herbe est tranquille, et le pommier trop lourd
se penche vers le sol, tremblant et plein d'amour.
Enlevez de mon âme, puisque j'ai tant souffert,
l'orgueil de me penser un créeur de génie.
Je ne sais rien. Je ne suis rien. Je n'attends rien
que de voir, par moments, se balancer un nid
sur un peuplier rose, ou, sur le blanc chemin
passer un pauvre lourd aux pieds luisants de plaies.
Mon Dieu, enlevez-moi l'orgueil qui m'empoisonne.
Oh! Rendez-moi pareil aux moutons monotones

qui passent, humblement, des tristesses d'Automne
aux fêtes du Printemps qui verdissent les haies.
Faites qu'en écrivant mon orgueil disparaisse :
que je me dise, enfin, que mon âme est l'écho
des voix du monde entier et que mon tendre père
m'apprenait patiemment des règles de grammaire.
La gloire est vaine, ô Dieu, et le génie aussi.
Il n'appartient qu'à Vous qui le donnez aux hommes
et ceux-ci, sans savoir, répètent les mêmes mots
comme un essaim d'été parmi de noirs rameaux.
Faites qu'en me levant, ce matin, de ma table,
je sois pareil à ceux qui, par ce beau Dimanche,
vont répandre à vos pieds dans l'humble église blanche
l'aveu modeste et pur de leur simple ignorance.

XIV

Prière pour un dernier désir

Pourrai-je un jour, mon Dieu, comme dans une romance,
conduire ma fiancée devant la noce blanche,
sur la mousse des bois qu'argentera l'Été ?
Les enfants trébuchant sous d'énormes bouquets,
suivront les doux aïeux vêtus d'habits austères.
Un grand calme sera autour des fronts sincères,
et les vieilles dames joueront distraitement
avec les longues chaînes d'or de leur corsage.
Dans les ormeaux épais chanteront les mésanges
sur l'attendrissement naïf des cœurs en fête.
Je serai un humble artisan, et pas poète.
Je creuserai le bois rose et parfumé du hêtre,
et ma femme coudra, bien douce à la fenêtre,
dans le retombement d'azur des liserons
où les guêpes, en feu volant, bourdonneront.
J'ai assez de la vie compliquée et savante.
Ma vie, ô Dieu, pour vous se fera desservante,
et mes jours passeront de mon rabot joyeux
aux cloches du Dimanche fleuries dans les cieux.
Je dirai aux enfants : donnez de l'eau au merle,
puis nous le lâcherons quand il saura voler,
afin qu'il vive heureux parmi les vertes perles

que l'ondée, en riant, pose aux bleus coudriers.
Je dirai aux enfants : c'est la nouvelle année;
ce soir, il faut écrire aux grand'mères tremblantes
qui courberont leur front dur, luisant et ridé,
en lisant ces beaux mots de leurs petits-enfants.
Ma vie sera sans bruit, ma mort sera sans gloire.
Mon cercueil sera simple, avec des villageois
et les enfants en blanc de l'école primaire.
Mon nom seul, ô mon Dieu, sur la modeste pierre,
dira à mes enfants qu'ils peuvent prier là.
Et faites, ô mon Dieu, que si par le village
passe un poète un jour qui s'enquière de moi,
on lui réponde : Nous ne savons pas cela.
Mais si... (oh! non, mon Dieu, ne me refusez point)...
une femme venait demander où est ma tombe
pour y mettre des fleurs dont elle sait le nom,
qu'un de mes fils se lève et sans l'interroger
la conduise en pleurant où je reposerai.

Élégies

ACHEVÉ D'IMPRIMER
LE 30 AOUT 1967
IMPRIMERIE FIRMIN-DIDOT
PARIS - MESNIL - IVRY

Imprimé en France
N° d'édition : 12727.
Dépôt légal : 3e trimestre 1967. — 4653